_____ 님의 소중한 미래를 위해
이 책을 드립니다.

초등
감사함
수업

자녀교육 시크릿, 감사

초등
감사함
수업

양경윤 지음

메이트북스

메이트북스 우리는 책이 독자를 위한 것임을 잊지 않는다.
우리는 독자의 꿈을 사랑하고,
그 꿈이 실현될 수 있는 도구를 세상에 내놓는다.

초등 감사함 수업

초판 1쇄 발행 2020년 3월 2일 **| 초판 2쇄 발행** 2020년 4월 10일 **| 지은이** 양경윤
펴낸곳 ㈜원앤원콘텐츠그룹 **| 펴낸이** 강현규 · 정영훈
등록번호 제301-2006-001호 **| 등록일자** 2013년 5월 24일
주소 04607 서울시 중구 다산로 139 랜더스빌딩 5층 **| 전화** (02)2234-7117
팩스 (02)2234-1086 **| 홈페이지** www.matebooks.co.kr **| 이메일** khg0109@hanmail.net
값 15,000원 **| ISBN** 979-11-6002-275-9 03370

이 도서의 국립중앙도서관 출판시도서목록(CIP)은 e-CIP홈페이지(http://www.nl.go.kr/ecip)에서
이용하실 수 있습니다.(CIP제어번호 : CIP2020004851)

오늘 나는 행복한 사람이 될 것을 선택하겠다.
나는 어떤 상황에서도 나의 삶에 감사하겠다.

• 안네 프랑크("안네의 일기』 저자) •

마음에 품은
'감사마법도구'를 꺼내자

"선생님, 자식 키우기가 쉽지 않네요."

학부모님들과 이런저런 이유로 상담을 하게 되면 마지막에 나오는 말씀들이 자식 키우기가 참 어렵다, 만만찮다는 것입니다. 남들이 보기에는 그럴듯하고 번듯해 보여도 그 속에는 다들 한 가지 이상 갈등을 가지고 있습니다. 교사로 살아가는 저에게도 제 자식을 키우는 일은 만만찮습니다.

자녀는 사실 나와 다른 개별적 존재인데, 부모님의 뜻대로 되는 것이 더 이상할지도 모릅니다. 한참 '성장'이라는 과정에 있는 아이들에게 우리는 도덕적이고 성장이 완료된 상태, 완결된 상태를 원하고 있는지도 모릅니다.

도덕적인 것만이 아니라 성과가 눈에 보이는 그 무엇, 본인이 정해놓은 어떤 모습, 본인의 정답에 가까이 가지 않을까봐 막연한 불안함이 잔소리를 만듭니다. 그러다보면 서로의 의견이 대립되어 갈등이 일어나기도 하고, 그 과정에서 자녀가 상처받기도 하고, 부모님 본인도 상처받게 됩니다.

　어떻게 키워야 할지 딱 정해진 해답이 있으면 좋겠다고들 하십니다. 정말 마법 지팡이 하나 있어서 획! 하고 휘두르면 모든 것이 원하는 대로 정리되면 얼마나 좋을까요? 자식을 키우면서 그 마법 지팡이를 찾아 헤맬 때가 많습니다.

　"선생님, 우리 아이는 꿈이 없어요."

　꿈을 갖고 있는 아이가 몇이나 되겠습니까? 부모님들께서는 어린 시절부터 꿈을 가지고 계셨나요? 어제는 불을 끄고 사람을 살리는 소방관이 되겠다고 했다가 오늘은 아이돌 가수가 되겠다고 합니다. 아마도 내일은 갑자기 도둑을 잡고 시민을 보호하는 경찰관이 되겠다고 할지도 모릅니다.

　이것이 어린아이에게는 정상입니다. 청소년 시기가 되어도 마찬가지입니다. 단순하게 어떤 직업을 가지는 것보다 '어떤 사람이 될 것인가?'를 위해 배우고 익히는 시간이 반드시 있어야 합니다.

자녀가 '예술가'가 되든지, '정치가'가 되든지, '의사'가 되든지, 무엇이 되든지 간에 직업인으로서 만족하고 경제적으로 풍족한 삶을 살아간다면 어떤 부모라도 기쁠 겁니다. 그러나 경제적으로 풍족하더라도 주변의 사람들로부터 손가락질을 받는다면, 또 삶의 방식이 찌들어 사는 삶이라면 어떤 부모라도 좋아하지 않을 겁니다.

지금 당장 꿈이 없다고 걱정만 하고 있을 건가요? 내 자녀를 위해 진짜 해줘야 할 일은 무엇일까요?

"참 감사합니다."
"늘 고맙습니다."

언제부터인가 제 마음속에 들어온 '감사'라는 단어는 마흔 살 이후 어떻게 살아야 할 것인가를 알려주는 가장 중요한 단어가 되었습니다.

자녀를 키우면서 어찌하는 것이 옳은 것인지 찾지 못해서 답답할 때가 많았습니다. 그래서 제 자녀에게 실수도 많이 했습니다. 또한 제 자신의 삶이 주체할 수 없이 화나고 슬프고 알 수 없는 불편한 감정들 때문에 어쩔 줄 몰라 하던 시기를 감사 마법도구인 '감사일기'와 함께한 덕분에 제 삶은 평온함과 함께 풍요로워지기 시작했습니다.

결론부터 말씀드리자면, 마법 지팡이는 외부에 있지 않았습니다. 내부에 있었습니다. 마음에 품은 행운의 마법도구들을 꺼내기만 하면 되는 일이었습니다.

『한 줄의 기적, 감사일기』 출간 이후, 초등학교 수석교사로서 지내는 저는 학급 담임은 아니지만 여전히 많은 학부모님들을 만나고, 또 많은 선생님들을 만납니다. 이 책은 자녀를 잘 성장 시키고, 부모로서 삶을 잘 이어가고자 하는 분들이 던진 질문에 대한 저의 이야기라고 생각하시면 좋겠습니다.

살다보면 여러 가지 갈등 속에서 헤매게 됩니다. 어떤 경우는 너무 쉬운 해결점을 눈앞에 두고도 찾지 못합니다. 막연한 불안과 두려움 때문에, 실체를 알지 못해서, 마음이 단단하지 못해서 일어나는 일들이 많습니다.

이런 분들께 자꾸만 '감사마법도구'를 꺼내는 법을 전해드리고 싶어집니다. 모든 분들께 자녀와 함께 성장하는 감사마법도구가 있음을 알려드리고 싶습니다. 그렇다면 감사마법도구가 무엇일까요?

　"수리수리 마하수리, 얍!"
　"아브라 카다부라!"
　"비비디 바비디부!"

　혹시 이런 주문이냐고요? 비슷합니다. 단지 저는 감사함을 표현하는 주문을 사용합니다. 그래서 특별히 외우지 않아도 이미 알고 있는 것이지요. 자신의 일상을 돌아보고, 자신의 삶의 감사함을 찾아나갈 때, 부모의 감사 에너지는 본인을 행복하게 만들고, 자녀를 좀더 건강하게 성장시킬 수 있는 원동력이 됩니다.
　해리포터에 나오는 주인공들처럼 주문을 외우고, 마법 지팡이를 잡고 손목 한번 획 돌려주기만 하면 됩니다. 해리포터에 나오는 친구들이 마법을 처음 배울 때 주문을 잘못 외우거나 지팡이를 잘못 돌려서 엉뚱한 동물들로 변하는 장면을 보셨을 겁니다. 아주 단순하고 간단하지만 제대로 익히는 것도 중요합니다. 한 번만 익히면 평생 언제든지 만능도구로써의 힘을 발휘하게 됩니다.

쉽고 간단하게, 자녀의 성장만이 아니라 부모의 삶도 풍요롭고 행복해지는 '감사함'의 마법도구 사용법을 함께 익혀보시는 건 어떨까요?

"수리수리 마하수리, 아브라 카다브라!"
"감사합니다. 고맙습니다."

양경윤

차례

'감사함'이 가져다주는 힘

시크릿 4 —————————————————————

'감사함'으로 부모의 사이즈를 키워라

우리 삶에
단 하나면 충분합니다.
감사함.
모든 것의 시작이 됩니다.

시크릿 1

'감사함'으로
자녀의 사이즈를 키워라

부모가 줄 수 있는
최고의 선물, size up

외적으로 드러난 것만으로는 성장을 말할 수는 없습니다.
내면의 고갱이가 있을 때 진정한 성장이 이루어집니다.

기르다 vs. 자라다

"주인의 발자국 소리를 듣고 큰다."

주인의 발자국 소리를 듣고 아는 걸 보니 애완동물일까요?
무엇이 주인의 발자국 소리에 반응해 크는 것일까요?

애완동물이 아니라 '식물' 이야기를 하려고 합니다. 식물을
키우시는 분들이 종종 하시는 말씀입니다. 식물을 키우면 손이
많이 가는데, 특히 화분에 심겨져 있는 식물일수록 주인의 손
길이 많이 필요하다는 의미입니다. 주인이 자주 돌볼 때 식물
을 이쁘게 기를 수 있습니다.

화분에 식물을 키워본 적이 있으신가요? 일반적으로 물을 주지 않으면 화분들 속의 식물들은 금방 시들시들 생명력을 잃어갑니다. 급하게 물을 주고 손길을 주지 않으면 결국 죽게 됩니다. 그래서 식물을 키우는 분들은 식물이 "주인의 발자국 소리를 듣고 큰다"라고들 하십니다.

화분식물은 땅에서 '자라는' 식물과는 전혀 다른, '키워지는' 식물입니다. 사람의 도움 없이는 절대로 생존하기 어려운 식물이지요. 인류는 화분식물만 만들어낸 것이 아니라 야생식물을 농작물로 만들었고, 들짐승을 가축으로 길들였습니다.

기르다
- 타동사. feed, bring up
- 보살펴서 자라게 하거나 가르쳐서 키운다.

자라다
- 자동사. grow up
- 사람이 어떤 환경에서 성장하다.
- 점점 높아지거나 나아지다.

이제는 사람까지도 길들이면서 키우고 있는 것 같습니다. 그러나 자녀는 내 손길로 이쁘게 다듬고 키우는 대상이지, 기르고 유지해줘야 하는 화분 속 식물이 아닙니다. 사람은 키우는 목적물이 아니라 자라는 인격체여야 합니다.

교육의 의미는 키우는 것일까요, 자라는 것일까요? 우리의 가정이나 학교에서는 어느 쪽에 더 의미를 부여하고 있을까요? 동양에서 교육教育은 가르치는 것이라고 말합니다. 글자의 구성을 살펴보면 '敎'는 '매를 가지고 길들이다'는 뜻이고, '育'은 '갓 태어난 아이를 살찌게 하다'는 뜻으로 '기르다'의 의미를 가지고 있습니다. 매를 가지고 길들이는 것은 자율적인 측면보다 타율적인 측면을 가지고 있다고 할 수 있습니다. 무지한 아이들을 길들이는 것을 전제로 하고 있습니다. 우리가 흔히들 말해오던 교육은 어쩌면 '기르다'라는 동사와 가까운지 모릅니다.

지금까지 아이를 기른 것이 잘못된 것일까요? 아니라고 생각합니다. 어린아이들은 보살핌이 필요합니다. 일정 시기까지는 분명히 보살핌으로 양육을 해줘야 합니다. 그러나 일정 시기가 지나서부터는 서서히 스스로 자생해 자랄 수 있도록 도움을 줘야 하는 것은 아닐까요?

그러면 어떻게 하는 것이 자라게 하는 것일까요? 이미 경험적으로 아실 겁니다. 작은 화분에서 자란 식물을 큰 화분으로 옮겨 심으면 쑥쑥 자라나게 된다는 것을 말입니다.

아하, 그러면 큰 화분으로 바꿔주기만 하면 스스로 잘 자라게 될까요? 실제로 큰 화분으로 옮겨심기 위해 분갈이를 하다가 잘못해서 식물들을 죽이는 경우도 많습니다. 그냥 화분만 크게 바꿔준다고 해서 식물이 잘 자랄까요? 자녀의 일거수일투족을 모두 살펴 끊임없이 돌봐야 하는 걸까요?

산과 들에서 자라는 풀과 나무를 보면 제멋대로 자랍니다. 겨우내 얼어 생명력을 잃어버린 듯해도 다음해가 되면 또 잎이 나고 새로운 성장을 준비합니다. 옆의 풀과 나무와 서로 경쟁하면서도 상생하고 있으며, 스스로 환경에 잘 적응하면서 자랍니다.

세상은 초고속으로 변하고 있습니다. 기술성장의 속도가 너무도 빨라서 아이들이 성장해 사회로 나갈 때는 전혀 다른 세상이 되어 있습니다. 인공지능의 로봇시대는 이미 우리 눈앞에 와 있습니다. 현재 외우고 쌓고 있는 지식은 어느 순간 무의미해질 것입니다. 그렇다면 자녀가 잘 성장하고 자라게 하기 위해서는 어떻게 해야 할까요?

기본 사이즈의 변화

"어머나, 테이크아웃 잔 사이즈가 커졌네요."

제가 단골로 가는 커피숍에서 커피 한 잔을 테이크아웃 주문했습니다. 잔의 크기가 예전과 달리 tall size(기본)가 아니라

venti size⁽ᵈ⁾로 주는 것이었습니다. 매장 내에서는 커피 리필을 해줄 수 있지만 테이크아웃하는 분은 리필이 불가능하니 서비스 차원에서 사이즈를 업해서 준다는 것이었습니다. 컵 사이즈가 커지다보니 커피의 양도 많았습니다. 어느 날 보니 다른 커피 매장도 테이크아웃 잔이 커져 있었습니다. 원래는 기본 사이즈에 돈을 내고 샷을 추가해야 주던 대용량 컵이 이제는 기본 사이즈가 되어 있었습니다.

어느 모 프랜차이즈 커피숍에서는 처음부터 기본 사이즈의 2배가 되는 용량의 venti size를 기본으로 책정하고 영업을 시작했습니다. 컵 사이즈가 2배가 된 것만이 아니라 커피의 용량도 2배로 많아진 것이 바로 기본이 된 겁니다. 평소에 사이즈 업을 해서 커피를 마시던 사람들은 너무 좋다는 반응이었지만, 어떤 사람에게는 양이 너무 많아서 부담스럽다는 평을 듣기도 했습니다.

아마도 작은 사이즈에 익숙해져 있다보니 큰 사이즈가 불편하게 느껴졌을 겁니다. 우리가 처음부터 큰 사이즈에 적응되어 있었다면 전혀 이상하게 느껴지지 않았겠지요. 2배로 큰 사이즈가 기본이 되어 시중에 퍼지자, 다른 커피 매장에서도 빅 사이즈를 기본으로 제공해주기 시작한 것입니다.

내 자녀를 위한 size up

기본 사이즈에 대한 생각은 어디에서부터 시작된 것일까요? 분명 판매자에 의해서 적정한 수익에 맞는 사이즈를 정했을 겁니다. 그런데 왜 기본 사이즈가 변하게 된 것일까요? 경쟁업체가 많아지면서 판매전략으로 변한 것입니다. 그렇다면 처음부터 빅 사이즈가 기본 사이즈가 될 수도 있었다는 말인 겁니다. 단지 그때는 그럴 필요가 없었기 때문이겠지요.

커피 말고 우리 자녀를 위한 기본 사이즈는 누가 정할까요? 실제로 자녀는 성장하고 싶은데 작은 어항 속에 갇혀 있다면 고민해봐야 합니다. 아이가 노닐 수 있는 작은 어항이 기본 사이즈라고 누가 정했을까요? 작은 어항 속에 있는 아이의 세상을 size up 해서 수족관으로 옮겨줘야 합니다. 더 나아가 진짜 큰 물, 한강, 낙동강을, 더 큰 세상을 만날 수 있도록 기본 사이즈를 바꿔야 할지 모릅니다.

수족관은 안전하지만 강은 너무 위험해서 곤란하다고요? 수족관이 안전할 것이라는 것은 누구의 생각일까요? 그렇습니다. 부모님이 가지고 계신 생각의 사이즈이지 자녀의 사이즈는 아닙니다. 그렇지만 자녀는 부모의 영향을 받을 수밖에 없습니다. 부모님의 사이즈가 자녀의 사이즈가 되어서는 안 됩니다.

그렇다면 size up이라는 것이 외적인 요소, 사회적 활동 반경을 넓히라는 것인가요? 작은 화분에서 큰 화분으로, 작은 어항에서 수족관으로, 이렇게 활동 반경만을 넓혀주면 빅 사이즈가 기본 사이즈로 변화하는 것일까요?

자녀의 성장은 당장 눈앞에 보이는 것으로 단정짓기에는 어려움이 있습니다. 작은 나뭇가지에 잎이 피고 꽃이 피었다고 그 나무가 멋지게 성장할 것이라고 생각할 수 없습니다. 나무의 뿌리가 얼마나 튼튼한지 봐야 하기 때문입니다. 자녀의 성장은 단거리 경주가 아니라 마라톤과 같습니다.

담임교사와 수석교사로 초등학교에서 27년이라는 세월을 지내다보니, 제자들이 졸업을 하고 대학에 가고 취업을 하고 결혼을 한다는 소식을 들을 때가 종종 있습니다. 고등학교 때 친구 잘못 만나서 소년원까지 가게 되었다는 어머니의 한서린 이야기를 듣기도 했습니다. 초·중학교 시절까지 학업 성적이 우수해 승승장구했지만 고등학교 성적이 떨어지면서 낙담과 비관으로 가출한 학생의 소식을 접하기도 했습니다.

초등학교 때 그다지 두각을 나타내지 않았지만 고등학교부터 대학교, 취업까지 승승장구하는 소식들도 전해져옵니다. 어린 시절 학업성적이 좋다고, 영재 학생이라고 해서 빅 사이즈는 아니라는 것을 알게 됩니다.

size up은 내적인 성장을 통해서 외적 성장을 도모하는 것입니다. 다시 말해서 내적 성장을 동반한 외적 성장이 될 때만이 진정한 size up이 이루어지는 것입니다.

'감사함'은 내·외적 성장을 위한 size up의 가장 핵심적인 도구입니다. '감사함'은 자녀의 내면을 단단하게 하고 자존감을 올려주며, 스스로 나아갈 방향을 찾을 수 있게 해주는 지표로써의 역할을 하게 됩니다.

How to size up 1

1. **하루의 감사한 일** 릴레이 대화
   잠자리에 들기 전 부모님이 하루 동안 감사한 일을 먼저 하나 이야기하고, 그 다음은 자녀가 이야기하도록 합니다.

2. **주제별 감사함** 자기 자신에 감사하기
   자기 자신에 대한 감사함을 찾는 것은 자신의 행동을 스스로 칭찬하는 효과가 있으며 자녀의 자존감 향상에도 도움이 됩니다. 이때 부모님은 과도한 칭찬보다는 단순한 인정 정도로 그치는 것이 좋습니다. 자녀의 내용이 본인의 생각과 다르더라도 그대로 받아들이는 태도가 중요합니다.

3. **감사일기** 방과 후에 친구들과 축구를 신나게 한 나에게 고맙습니다. 덕분에 더 튼튼해졌습니다. 고맙습니다. 감사합니다.

size up을 위해
필요한 것

도구의 지적활용, 사회적 상호작용, 자율적 행동은
미래 사회를 살아갈 핵심역량입니다.

엄마의 정보력

'엄마의 정보력, 아빠의 무관심, 할아버지의 경제력.'

대한민국에 떠도는, 명문대에 보내려면 꼭 필요하다고 회자
되는 3가지 조건입니다. 저희 집의 경우 엄마로서의 정보력은
완전 '꽝'이었고, 할아버지의 경제력은 시골에서 농사지어 보내
주신 좋은 쌀이 있었으니 그나마 다행이라고 할 수 있겠지요.
저희 집에 충족되는 것이 있다면 딱 하나, '아빠의 무관심'이었
습니다.

한마디로 대한민국에서 자녀를 잘 키우기 위한 조건이 되질

않으니 참으로 답답할 노릇이었습니다. 아빠의 무관심이 확보되면 그 다음은 할아버지의 경제력인데 할아버지의 경제력도 선택할 수 있는 문제가 아니고, 그 다음 조건으로 충족되어야 하는 것이 '엄마의 정보력'입니다. 그런데 지방에서 살고 있고, 워킹맘으로 살아가는 저로서는 정보력이 있을 수가 없었습니다.

그런데 도대체 정보력이 무엇일까요? 정보에는 고급 정보와 하급 정보가 있습니다. 그런데 대한민국의 교육 고급 정보망은 어찌된 일인지 옆집 아줌마, 앞집 아줌마의 '카더라 통신'입니다. "누가 그랬다 하더라" 식으로 소문은 있고 실체는 없는데 그곳을 향해 갑니다.

제대로 된 정보는 자신에게 필요하고 딱 맞는 것이어야 합니다. 자녀를 위한 정보력은 "어디 학원이 좋다더라" "어느 선생님이 좋다더라"가 아닙니다. 자녀의 문제점을 진정으로 알아야 정보가 보이는 것입니다.

주변에서 알려주는 것이 맞다고 생각하기 때문에 실체는 보지도 못했으면서 보았다고 이야기하는 오류가 발생합니다. 세상은 알면 보이고, 보이면 찾을 수 있습니다. 그런데 알지 못하기 때문에 제대로 볼 수가 없습니다.

왜 이렇게 소문에 매달리고, 사교육에만 의존하려고 하는지는 이해가 됩니다. 자녀를 잘 키우고 싶어하는 부모님의 욕구는 당연한 일이기 때문입니다. 부모로서 자녀를 제대로 키우고자 하지 않는다면 그것이야말로 더 큰 문제입니다.

제대로 된 정보 찾기

자녀에게 적합한 정보를 찾는 엄마의 능력이 요구되고 있는 것은 사실입니다. 사교육이 결단코 나쁘다고 생각하지 않습니다. 필요한 것이 있고 그것을 제대로 충족시켜줄 수만 있다면 더할 나위 없이 좋다고 생각하는 입장입니다.

그런데 문제는 자녀에게 맞는 것을 찾는 일이 쉽지 않다는 데 있습니다. 자녀가 어리면 장거리는 불가능하고 거주지와 가까운 주변에서 고급 정보가 제공된다면 더할 나위 없이 좋을 겁니다. 그러다보니 고급 정보가 있는 곳의 땅값이 올라가고 집값이 비쌀 수밖에 없습니다.

그러나 내 자녀에게 적합한 것을 찾는 것이 정보를 좇아가는 것보다 더 우선되어야 합니다. 결정적 시기에 단 하나의 방편만을 강조하다보면 다른 것들이 결핍되어 성인이 되어 살아가는 데는 어려움을 겪을 수도 있습니다. 자녀에게 충족되어야 할 것을 제대로 찾아오는 것이 진정한 엄마의 정보력입니다.

미래 사회가 요구하는 핵심역량

기왕 사교육이라는 말이 나왔으니 한마디 덧붙이고 싶습니다. 지금은 전국적으로 초등학교는 중간고사나 기말고사가 많이 사라지고, 수행평가를 기준으로 교육과정 운영과 평가가 이루어지고 있습니다. 평가가 이루어지는 경우 서술형 비중이 높지만 아직도 예전의 5지선다형 시험을 치는 곳도 있습니다.

평가가 바뀌고 있다는 것은 교육과정의 형태가 바뀌고 있다는 의미입니다. 사회가 요구하는 인재가 바뀌고 있다는 의미이기도 합니다.

예전에는 공부를 잘해서 좋은 대학에 가고 좋은 직장을 구해서 평생 살아갈 수 있는 시대였습니다. 그러나 이제는 모두 알다시피 그러한 시대는 지나갔으며, 인생 1모작이 아니라 인생 12모작이라는 말이 유행처럼 번지고 있습니다. 그래서 세계 여러 나라는 이미 미래 사회를 주도적으로 살아가는 데 필요한 핵심역량을 제시하고 있으며, 각 나라의 교육체계도 그에 따라 변화하고 있습니다.

OECD(경제협력개발기구)는 미래를 살아가기 위해서는 3대 핵심역량을 갖추어야 한다고 말합니다.

- 도구의 지적활용 Use tools interactively
- 사회적 상호작용 Iinteract in heterogeneous
- 자율적 행동 Act autonomously

이 3가지 역량이 성공적인 삶을 위한 역량이라고 OECD는 정의하고 있습니다. 현재 대한민국도 세계와 발맞추어 나가기 위해서 교육과정을 역량 중심으로 변경하기 시작했습니다. 하나의 기준으로 학생들을 줄 세울 수 없다는 것입니다.

우리가 사는 사회는 더 복잡다단하게 이루어지고 있어서 부모가 되면 가르쳐줘야 할 것은 많아지고 머리가 아파옵니다. 예전에는 하나의 줄에 맞추어 서서 등위를 정하면 되니 더 쉬웠을지 모릅니다. 이제는 복합적인 능력을 갖추려다보니 하나를 교육하고 있으면 다른 하나가 따라오지 못하는 경우가 발생합니다.

이 3가지 역량을 잡는 도구가 필요해졌습니다. 대한민국 2015 개정 교육과정은 이러한 미래 사회가 요구하는 핵심역량 함양이 가능한 교육과정을 마련하도록 하고 있습니다. 지식정보 처리 역량, 창의적 사고 역량, 심미적 감성 역량, 의사소통 역량, 공동체 역량을 핵심 역량으로 제시하면서 이 모든 것을 융합적으로 이루기 위해 협력학습, 토의토론학습 등 학생 참여 중심과 함께 과정중심평가를 확대하고 있습니다.

특히 과정중심평가의 경우는 학생의 학습을 도와 즉각적인 피드백으로 학습효율을 올리려는 목적이 있습니다. 학생들이 협업상황에서 어떤 역할을 했는지 관찰하고 기록하면서 평가를 도출합니다. 이러한 과정에서 학생들에게 적절한 피드백이 될 수 있도록 수업을 개선하고 있는 실정입니다. 기본적으로 개인별 학습보다 협업형태의 학습이 늘어나면서 학생 개개인의 내적인 성숙도가 학습에 많은 영향을 주고 있습니다.

학업은 물론 자율적 행동, 사회적 상호작용까지 모두 잡을 수 있는 방법으로 내 자녀의 size up이 필요한 시점입니다.

How to size up 2

1. **하루의 감사한 일** 릴레이 대화
   잠자리에 들기 전, 부모님이 하루 동안 감사한 일을 먼저 하나 이야기하고, 그 다음은 자녀가 이야기하도록 합니다.

2. **주제별 감사함** 가족에게 감사하기
   부모님은 자녀에게, 자녀는 형제자매나 부모님에게 감사한 점을 하나씩 찾아가면서 이야기를 나눕시다. 이때 구체적인 이유를 꼭 찾아서 '덕분에'라는 말을 사용해 감사함을 찾아봅시다.

3. **감사일기** 언니가 공부를 가르쳐준 덕분에 오늘 숙제를 다하게 되어 고맙습니다. 감사합니다. 감사합니다.

자녀의 결정적 시기, '감사함'으로

'감사함'이라는 도구는 행복한 인생의 만능도구이자
자녀의 사이즈를 한 단계 올리는 데 필수도구입니다.

인간의 결정적 시기

엄마 오리가 꽥꽥! 아기 오리도 꽥꽥! 아기 오리들이 물살을 가르며 어미 오리를 따라가는 것을 본 적이 있으신가요? 이쁜 아기 오리들이 줄을 지어 어미 오리를 따라갑니다. 그런데 아기 오리들은 어떻게 엄마 오리인 줄 알고 따라갈까요?

아기 오리들은 태어날 때 뇌가 너무 작기 때문에 알에서 나와서 처음 본 대상을 따라가게 프로그램되어 있다고 합니다. 극단적인 예를 들자면 알에서 나오자마자 처음 본 것이 커다란 공이었다면, 그 공이 굴러가기 시작하면 엄마인 줄 알고 따라

간다는 것입니다. 오리의 결정적 시기는 태어나자마자 2~3시간 정도라고 합니다. 아기 오리는 그 시기에 본 것을 엄마라고 여기는 것입니다.

모든 동물은 오리처럼 결정적 시기가 있다고 합니다. 오리가 태어나서 2~3시간이라면, 고양이는 태어나서 4~8주 정도, 원숭이는 태어나서 1년 정도 된다고 합니다.

그렇다면 인간의 결정적 시기는 언제일까요? 유인원이 1년 정도라고 하니 우리 인간은 2년 정도일까요? 뇌 과학자들에 의하면 인간은 태어나서 10년에서 12년 정도가 된다고 합니다. 초등 6학년에서 중학교 2학년 정도까지가 아닐까 합니다.

결정적 시기의 뇌의 시냅스는 말랑말랑한 찰흙과 같아서 유연하다고 합니다. 결국 시냅스는 그 시기에 사용하지 않는 것은 없어지고 계속 사용한 것만 살아남아 평생 함께하게 되는 것이지요.

뇌의 시냅스

결정적 시기의 뇌의 시냅스는 태어나서 6세 전후에 가장 많이 생겨납니다. 인간으로 살아가야 할 시냅스를 열심히 만들고 있는 중이지요. 그런데 그 많은 시냅스가 14세 전후가 되면 양은 줄어들고, 시냅스의 굵기가 굵어집니다. 6세에서 14세 사이에 무슨 일이 일어난 걸까요? 어떤 시냅스는 남고, 어떤 시냅스는 사라진 것일까요?

뉴런의 시냅스 속에 남겨놓을 정보망이 우리가 원하는 바람직한 것이길 원하지만 시냅스는 외부 세계에서 무엇이 좋은지, 좋지 않은지를 잘 모릅니다. 그래서 시냅스는 우리가 반복적으로 행하는 것이 생존을 위해 좋은 것이라고 생각하고 그 정보망을 남겨두는 겁니다.

'반복적이고 지속적인 것은 중요한 것', 이런 방식으로 뇌의 근육을 강화시키는 것입니다. 1학년 학생이 매일 30분씩, 1년간 휴대전화로 게임을 한다면 게임 실력은 정말 좋아질 겁니다. 그러나 뇌는 이것이 중요하다고 느끼고 게임을 하지 않으면 불안을 느끼게 만들 것입니다. 그래서 점점 더 게임 중독으로 빠지게 되는 것입니다.

이 게임의 시냅스는 평생 남게 됩니다. 반면에 수학연산 문제를 매일 30분씩 1년 이상을 지속했다면 시냅스가 연산에 강화되어 연산을 잘하는 아이가 됩니다.

평생 가지고 갈 시냅스가 무엇이면 좋겠습니까? 휴대전화 게임과 수학연산 중에 고르라고 한다면 학부모님들은 대부분 수학연산을 선택합니다. 그렇지만 그것이 옳은 선택이라고 확신하실 수 있을까요? 수학연산만을 선택했다고 해서 무조건 옳은 것은 아니라는 것입니다.

자녀의 결정적 시기에 남겨놓아야 할 것들

이 결정적 시기의 아이들의 뇌는 흡수력이 어마어마합니다. 그래서 자녀들이 어릴 때 다양한 경험을 해보는 것이 중요합니다. 좋은 것을 많이 보여주고 들려주고 알려주고 싶은 이유는 자녀가 잘 성장하길 바라기 때문일 겁니다.

미래 사회가 요구하는 창의적인 사람으로 자라면 좋겠고, 운동도 잘하고 학업 성취도도 높으면 좋겠고, 바른 인성의 아이가 되었으면 좋겠고, 자존감도 뛰어나서 자기 자신을 잘 컨트롤하면 좋겠고, 유머 감각도 뛰어나면 좋겠고, 게임을 조금만 하고 책도 많이 읽고 좋은 것 많이 보았으면 좋겠고, 기왕이면 좋은 직업을 가져서 남들보다 더 번듯했으면 좋겠고….

모든 부모들의 마음은 모두 똑같습니다. 말로는 "건강하기만 하면 된다"라고 하지만 마음속 깊은 곳에서는 이러한 수많은 생각들이 오고 갑니다. 그런데 결정적 시기에 경험한 것이 우리 뇌에 모두 남아 평생 유지된다면 어떻게 해야 할지 더 많은 고민이 생깁니다.

"이 결정적 시기에 무엇을 남겨놓아야 할까?"라는 질문에 부모님들은 자녀가 살아갈 평생의 자산을 고민합니다. 그리고 아이들이 좋은 대학을 갈 수 있게 해줘야겠다는 이상한 방향으로 답이 귀결됩니다. 이렇게 평생자산으로 남겨두어야 할 것이 학과 성적을 올릴 수 있는 사교육의 힘을 빌리는 것으로 변질되는 경우가 많습니다.

목적이 좋은 대학이어야 할까요? 좋은 대학은 자녀가 행복하고 풍요로운 삶을 살아가기 위한 하나의 과정일 뿐입니다. 대학이 최종 목적지가 될 수 없습니다. 요즘처럼 직업이 다변화하는 사회에서는 자녀가 정말 즐거워하고 행복해하는 일을 찾아 나가는 것이 더 중요합니다.

부모의 고민

"학교 다녀오겠습니다."

"선생님 말씀 잘 듣고, 친구와 사이좋게 놀다 오렴."

초등학생이 되어 가방을 메고 학교 가는 뒷모습을 보면 언제 이렇게 컸나 싶어 흐뭇합니다. 아장아장 걷던 아기가 말을 하더니, 어느새 가방까지 메고 세상 속으로 나아가는 것을 보면 신기할 따름입니다.

그런데 학교를 보내는 부모 마음이 그저 흐뭇하고 평온하기만 할까요?

'공부는 제대로 따라갈 수 있을까?'

'친구가 없으면 어쩌지?'

'급식은 제대로 먹을 수 있을까?'

'학교 화장실도 못가고 끙끙거리면 어쩌지?'

'선생님이 우리 아이를 싫어하면 어떻게 하지?'

초등학생이 된 건 자녀인데 마치 부모님이 1학년이 된 것 같다고 합니다. 그러다 차츰 학년이 올라가면 익숙함과 동시에 평온하고 안정감이 찾아옵니다. 그러나 또 다른 고민들이 생겨납니다.

'게임 중독 현상이 무섭다는데 어떻게 하지?'

'영어 교육은 조기에 해야 한다는데 너무 늦은 건 아닐까?'

'학교 폭력이 심하다고 하는데 우리 아이가 혹시 왕따?'

'휴대전화만 끼고 있는 우리 아이를 어떻게 해야 할까?'

옆집 아줌마의 정보력은 엄청난데 정작 나는 아는 것이 하나도 없는 것 같습니다. 또 옆집 아줌마, 앞집 아줌마의 정보에도 차이가 많아 무엇이 내 자녀에게 옳은 것인지 마음이 계속 복잡해집니다.

인공지능의 시대, 4차 산업혁명의 시대라고 하고, 세상의 변화속도는 너무 빠르고, 본인이 받은 교육과는 전혀 다른 세상이 자꾸 펼쳐지니 뭘 가르쳐야 할지 답답할 노릇입니다.

size up의 도구, '감사함'

이제 그 해답을 찾아나서야 할 때입니다. 자녀 뇌의 결정적 시기에 꼭 필요한 것, 그것을 찾아야 합니다. size up을 위해 꼭 필요한 것, 해답을 찾으러 어디로 가야 할까요?

세상에는 수많은 해답들이 있습니다. 그 해답 중에 본인에게 가장 잘 맞는 적답, 즉 적합한 답을 찾아야 합니다. 다른 이들에게 가장 잘 맞는 적답을 본인의 정답으로 오해해서는 안 됩니다. 나와 나의 자녀에게 맞는 방법을 찾아내어 함께하는 것이 정답입니다.

그 정답을 찾아가는 길에 꼭 필요한 도구가 바로 '감사함'입니다. '감사함'이라는 도구는 만능도구입니다. 자녀의 사이즈를 한 단계 올리는 데 필수도구입니다.

'감사함'은 창의성은 물론이고 인성, 학업력 그리고 의사소통 능력까지 2마리의 토끼가 아니라 3마리, 4마리 토끼를 한꺼번에 잡는 만능도구입니다.

감사합니다, 고맙습니다.

'고마워'라는 말 한마디가 주는 마법 같은 힘! 쉽고 간단하게, 내 자녀의 성장만이 아니라 부모의 삶도 풍요롭고 행복해지는 '감사함'의 마법도구 사용법을 함께 익혀보시는 건 어떨까요?

How to size up 3

1. **하루의 감사한 일** 일 릴레이 대화
   잠자리에 들기 전, 부모님이 하루 동안 감사한 일을 먼저 하나 이야기하고 그 다음은 자녀가 이야기하도록 합니다.

2. **주제별 감사함** 자연에 감사하기
   • 평소에 누리는 자연에 대해 감사한 것을 찾아봅시다.
     – 물, 공기, 바람, 구름, 동물, 식물 등
   • 보이지 않는 곳에서 자연이 주는 이로움도 함께 찾아봅시다.

3. **감사일기** 비가 옵니다. 요즘 가뭄이 심하다고 했는데 다행입니다. 덕분에 공기도 맑아지고 상쾌합니다. 이번 비로 나무들도 풀들도 물을 마시고 싱싱하게 될 수 있어 고맙습니다. 감사합니다. 감사합니다.

'감사함'의 의미
그리고 오해

존재 그 자체에 대한 감사,
이것이야말로 감사의 시작입니다.

감사의 사전적 의미

"고맙습니다."

"감사합니다."

'고맙다'의 사전적 의미는 '남이 베풀어준 호의나 도움 따위에 대하여 마음이 흐뭇하고 즐겁다'입니다. '경敬'의 공경의 뜻을 가진 고유어 '고마'에서 유래했다고 합니다. '고'는 높은 산, '마'는 여성을 뜻하는 글자인데 이 두 글자가 만난 '고마'는 풍요롭고 아름다운 '땅의 신'을 뜻하는 말이 되었다고 합니다.

감사는 느낄 '감感', 사례할 '사謝'로 고마움을 나타내는 인사나 고맙게 여기는 마음이라는 뜻의 한자어입니다.

간혹 "감사합니다"는 "고맙습니다"의 높임말로 착각해 어른에게는 "감사합니다"라고 말해야 한다고 생각하는 이들이 있습니다. 그러나 그것은 잘못된 이해로 단지 단어 선택의 문제일 뿐입니다. 고마운 마음을 전한다는 점에서는 같은 의미이니 구분할 필요가 없습니다.

익숙하고 당연한 것에도 감사하기

"고맙습니다, 해야지?"

서너 살 된 아기에게 맛있는 먹거리를 건네주시는 어른에게 감사의 인사를 알려주고 있는 엄마의 말입니다. 누군가가 무엇인가를 제공하거나 호의를 베풀 때마다 부모는 "고맙습니다, 해야지"라고 지속적으로 가르칩니다.

이제 막 말을 배우기 시작하는 아이에게 왜 '감사하라'고 가르치는 걸까요? 내면에 있는 '감사함'을 일깨워줌으로써 삶을 살아가는 기본을 찾을 수 있도록 도와주고자 했을지도 모릅니다. 또 어쩌면 '감사함'이라는 감정은 태어날 때부터 있었던 것이 아니라 외부로부터 배워야 한다고 생각해서일 수도 있겠지요. 좌우지간 내면의 소리를 깨우든, 외부에서 주어지든, 결국 '감사함'이라는 것은 연습을 통해서 익혀야 한다는 것입니다.

'감사함'을 이토록 강조하게 된 것은 오랜 시간 동안 모든 문화와 종교에서 가장 중요한 덕목으로 내려오고 있기 때문일 겁니다. 어쩌면 자신도 모르는 사이에 내면화되어 있어서 자녀에게도 자연스럽게 가르치게 되었을 수도 있습니다.

그런데 상황을 잘 살펴보면 "고맙습니다"라고 말을 할 때는 누군가가 무엇을 제공해줄 때, 도움을 주었을 때, 누군가의 호의에 의해서 일어난 일에 대해 고마움을 전하는 인사로 강조되고, 강요되고 있음을 알 수 있습니다. 이렇게 아이들이 배워서 일까요?

"엄마, 휴대전화 사주셔서 고맙습니다."

아이들은 이러한 물질 보상에는 즉각적으로 감사함을 느끼고 표현을 합니다. 나에게 이익이 된다고 느껴지지 않을 때는 '감사함'이 만들어지기 어렵습니다. 특히 어린 자녀들의 경우에는 자신에게 이익이 되고 물질적 보상이 따를 때 '감사함'이 마음속에서 일어나게 됩니다.

그러나 문제는 이러한 물질적 보상과 이익의 초기 단계에는 감사함이 만들어지지만, 반복적이고 지속적인 것에는 당연하다고 여겨 감사함을 느끼기가 어렵다는 것입니다. 편안하게 쉴 수 있는 집, 매일 제공되고 있는 식사, 몸을 보호하기 위해 제공되는 옷들, 사실 이러한 것들이 더 중요하고 감사함을 많이 느껴야 하는데 그러기가 쉽지 않습니다.

아이들만 그럴까요? 어른들도 마찬가지로 익숙하거나 당연하다고 여기는 것에는 감사함을 잘 못 느낍니다.

존재 자체에 대한 감사함

실제로 우리 주변에는 고마운 것들이 너무도 많습니다. 매 순간 주어지고 있지만 주의를 기울이지 않으면 감사한 마음을 갖기가 어렵습니다.

'나의 집이 사라진다면? 부모님이 사라진다면? 나의 자녀가 아프다면? 직장이 없어진다면? 경제활동을 중단하게 된다면? 맑은 공기가 없어진다면? 물이 없어진다면?'

지금 자신이 누리고 있는 것들이 갑자기 사라졌다고 생각해 보는 것입니다. 생각만 해도 끔찍한 것도 있습니다. 내 자녀가 갑작스레 사라진다고 생각해보세요. 너무 끔찍하지요. 존재하고 있는 그 자체만으로도 감사하다고 여기게 됩니다.

존재 그 자체에 대한 감사. 그것이 감사의 시작입니다. 존재

한다는 것을 당연하다고 느끼는 것이 아니라 감사함을 가지고 바라보아야 합니다. 공기가 존재함에, 물이 있음에 그냥 다 감사한 것입니다.

요즘 미세먼지로 인해서 맑은 공기의 소중함이 많이 부각되고 있습니다. 늘 마시던 맑은 공기가 오염이 되니 상대적으로 감사함을 느낀다고 합니다. 또 주위에 누군가의 자녀가 아프다거나 큰일을 당하면 건강하게 지내고 있는 자녀가 갑자기 감사하다고 느끼게 됩니다. 아이러니하게도 우리의 감사는 상대적인 비교를 통해서 이루어질 때가 많습니다.

그러나 감사는 상대적인 비교를 통해서 만들어지면 안 됩니다. 그러면 나보다 나은 무언가를 접하게 되면 상대적 박탈감으로 감사함이 사라집니다. 감사는 그 존재 자체에 대한 감사함으로 이루어져야 합니다.

당연함을 감사함으로

"학생이 공부하는 게 당연한 거 아닌가요?"
"선생님이 학생 아플 때 챙기는 건 당연한 거 아닌가요?"
"엄마가 밥 차려주는 것은 당연하지 않아요?"

엄마는, 아빠는, 자녀는, 선생님은, 직장상사라면, 동료라면, 우리는 누군가의 역할에 대한 '당연함'을 기본적으로 깔고 바라봅니다.

'당연한 것 아니야?' 하는 상황에서 '감사함'은 없습니다. 세상에 당연한 것이 어디 있겠습니까? 우리 주변에 존재하는 것이 어찌 당연하다고 할 수 있겠습니까? 세상의 만물은 홀로 존재하지 않고 모든 것과 연결되어 있습니다.

집에서 뜨거운 물에 샤워할 수 있는 것이 당연한 것일까요? 집 안까지 들어오는 수도시설이 있는 덕분입니다. 뜨거운 물이 나온다면 온수시설이 되어 있는 덕분이고, 온수는 보일러 시설이 잘 되어 있어서 그런 것이고, 보일러는 보일러를 개발하신 분들 덕분이고, 이렇듯 모든 것이 연결되어 있습니다. 뜨거운 물이 당연히 나와야 하는 것이 아닙니다. 이 모든 것이 연결되어 감사한 것입니다.

세탁기와 건조기가 쉴 새 없이 돌아갑니다. 두 기기 덕분에 내가 움직이지 않아도 우리 집안의 빨래가 모두 정리됩니다. 덕분에 몸도 편하고 여유로운 물리적인 시간도 생깁니다. 참 고마운 기기들입니다. 고맙습니다. 감사합니다. 감사합니다.

손빨래를 한다고 쪼그리고 앉아 있었더니 허리가 아픕니다. 에고, 손빨래 조금 하는 데도 이렇게 허리가 아픈데, 세탁기가 없으면 우찌할 뻔했습니까? 세탁기님 정말 고맙습니다. 세탁기를 개발해서 보급해주신 님들 덕분에 오늘도 많은 빨래를 한꺼번에 다 해결합니다. 고맙습니다. 감사합니다. 고맙습니다.

제가 쓴 감사일기를 보면 세탁기가 정말 자주 등장합니다. 제가 감사함을 표하는 존재 중의 하나가 가전제품입니다. 워킹맘으로 사는 저에게 가전제품들은 정말 소중한 존재입니다. 제 대신 일을 해줌으로써 저에게 시간이라는 것을 선물해주기 때문입니다. 특히 빨래를 할 때마다 '세탁기'라는 존재가 정말 고맙게 느껴집니다. 버튼 몇 번 누르는 것으로 모든 빨래가 세탁되기 때문입니다.

감사하는 것은 이미 자신이 가지고 있는 것을 알아차리는 것입니다. 부족한 것보다 가지고 있는 것에 대한 가치를 찾을 수 있어야 감사할 수 있습니다. 매일 반복되는 일상을 감사함으로 보게 되면 행운 가득한 날임을 알게 됩니다. 매 순간을 당연하다고 보지 않는 것 또한 감사의 시작입니다.

부정적 감정에도 감사하기

너무 억울하고 속상해서 슬픈데 감사할 수 있을까요? 살다보면 매 순간마다 행복하고 즐거울 수 없습니다. 누군가의 도움으로 신세를 지기도 합니다. 그럴 땐 감사한 마음이 들기도 하지만 자신의 부족함으로 비참함, 열등감 등을 느끼기도 합니다. 또 힘든 일도 생기고, 왠지 모를 억울함과 호구가 된 기분이 들 때도 있습니다. 이러한 감정에서도 우리는 감사함을 가질 수 있을까요?

'감사함'이라는 단어가 가지는 어감은 따스함, 포근함, 기쁨, 희망찬, 행복함, 평온함 등 밝고 긍정적입니다. 그러다보니 열등감, 호구가 된 기분, 분노 등이 '감사함'과는 다르다고 생각하는 것 같습니다. 그러나 이것은 오해입니다. 감정이 일어나는 것과 감사함을 찾아내는 것은 다른 것입니다.

우리의 감정은 어떤 형태로든지 일어납니다. 분노든지 기쁨이든지 슬픔이라든지 감정 그 자체로는 잘못된 것이 없습니다. 감사함은 그 감정이 일어난 상태를 새롭게 인식할 수 있도록 도와줍니다.

감사함으로 상황을 새롭게 인식하기

"엄마, 오늘 영어 발표를 했는데 너무 속상해."

"아이고, 속상한 일이 있었구나. 발표가 잘 안 됐니?"

"아니, 친구들이 다들 준비를 못했다고 갑자기 나에게 날짜를 바꿔달라고 해서 오늘로 바꿔줬는데…."

영어 동아리에서 딸아이는 준비가 안 됐다는 친구들의 말에 자신의 발표 날을 앞당겨 잡았습니다. 친구들의 마음을 살펴 흔쾌히 바꿔준 것입니다. 자신도 급하게 준비해서 갔는데 발표 날 친구들은 바쁘다는 핑계로 오지 않고 선배들만 있는 상황에서 떨면서 발표를 했다고 합니다.

"열심히 준비했는데 대학 축제 기간이랑 겹쳐서 참석률이 저조했어."

딸아이는 열심히 준비한 것을 펼칠 수가 없어서 속상하고, 친구들에게 마치 이용당한 것처럼 호구가 된 기분이라고 했습니다. 이쯤 되면 당연히 찜찜한 기분과 알 수 없는 우울감이 생겨나기 마련입니다. 이런 상황에서 '감사함'을 느끼라고 하면 미쳤다고 할지도 모릅니다. 그러나 이런 때일수록 감사함을 찾는 연습을 하면 우울감과 슬픔에서 빨리 빠져나올 수 있습니다.

"열심히 준비했는데 속상했겠네!"

우선 딸아이의 감정 상태에 대해 인정을 해주었습니다. 가장 중요한 것은 조언하기보다 먼저 그 감정을 인정해주는 것입니다. 그리고 이 상황에서 배울 점들도 있을 테니 감사한 점을 찾아보자고 했습니다.

딸아이와 통화하면서 감사한 것을 하나씩 찾아보았습니다. 이럴 땐 어떤 감사함을 찾을 수 있을까요? 함께 찾아보실까요?

- 친구들을 위해 흔쾌히 바꿔줄 수 있는 나여서 감사합니다.
- 발표준비를 미리미리 하고 있었기에 가능한 일이어서 고맙습니다.
- 나 덕분에 친구들이 편히 지낼 수 있어서 감사합니다.
- 참석자가 저조함에도 당당하게 끝까지 발표할 수 있는 나여서 감사합니다.
- 다들 바쁜 상황인데 참석해주신 님들 덕분에 발표를 무사히 마무리할 수 있어 감사합니다.
- 참석하신 분들에게 좋은 피드백을 들을 수 있어 감사합니다.
- 이러한 상황에서도 감사함을 찾는 나여서 감사합니다.
- 발표를 미리 한 덕분에 차후의 시간들은 다른 일에 집중할 수 있어 감사합니다.

이렇게 감사함을 찾아가다보니 상황별로 세세한 사정이 다 나오고, 자신이 잘한 점들이 얼마나 많은지 알게 됩니다. 친구들로 인해 상한 것은 마음 하나이지만 그 안에서 배움이 일어나는 감사함은 정말 많다는 걸 깨우칠 수 있는 시간이었습니다.

딸아이가 대학을 간 후 떨어져 지내다보니 즉각적인 도움을 줄 수도 없고, 혼자서 삶을 헤쳐 나가야 하니 안타까울 때도 있었습니다. 그러나 이렇게 속상할 때 함께 '감사함'으로 길을 찾아갈 수 있게 도움을 줄 수 있는 시간이 주어져 저로서는 참으로 감사하고 행복했습니다.

우리의 감정은 항상 즐겁고 행복할 수 없습니다. 모든 일이 내 마음대로 되지 않는 것이 세상사입니다. 인간 본연이 가지는 수많은 감정들이 시시각각 올라옵니다. 그 감정들이 진짜 감정이든, 가짜 감정이든지 간에 잘못되었다고 할 수 없습니다. 그 감정들은 모두 받아줘야 합니다. 슬프고 화가 났다고 해서 잘못된 감정이 아닙니다. 그것을 어떻게 바라보는가에 따라 삶의 행복의 크기가 변화합니다.

감사일기는 자신의 감정을 다 받아줘 슬픈 것은 산화시키고, 행복한 감정은 증폭시켜 삶을 행복하게 만들어가는 마법의 도구입니다.

How to size up 4

1. **하루의 감사한 일** 릴레이 대화

   잠자리에 들기 전, 부모님이 하루 동안 감사한 일을 먼저 하나 이야기하고 그 다음은 자녀가 이야기하도록 합니다.

2. **주제별 감사함** 생활도구에 감사하기

   - 생활을 편리하게 해주는 도구들에 감사한 것을 찾아봅시다.
     - 세탁기, 청소기, 전기밥솥, 침대, 소파, 책상, 의자, 에어컨, TV, 컴퓨터, 승용차, 자전거 등

3. **감사일기** 우리 집 소파는 우리 가족이 오면 누구나 반겨줍니다. 소파에 누워 있으면 피곤이 풀립니다. 편안한 소파 감사합니다. 고맙습니다.

가식이고 사치였던 감사함이
나의 마음속으로

윤민숙

나에게 감사일기란? 살아갈 수 있도록 해주는 힘입니다

내 아이는 7세부터 심리상담을 시작했습니다. 1년 동안 장거리 상담을 다니면서 초등학교 입학쯤 "조금 괜찮을 것 같다. 지켜보자"는 말씀에 상담을 마무리하고 초등학교에 입학을 했습니다. 그리고 초등학교 1학년 동안 만신창이가 되었습니다. 엄마도 아이도 누구 하나 도움 주는 사람이 없었고 도움을 청할 줄도 몰랐습니다.

아이의 불안 장애로 병원을 다니던 중 "애착 형성에 문제가 있는 것 같다"라는 의사 선생님의 말씀과 조심스럽게 건넨 휴직에 대한 조언에 용감하게 직장에 1년 휴직을 신청했습니다.

"내가 뭘 잘못했지? 왜 나한테만 뭐라고 하지?"

다들 부모교육 안 받고 뭐했느냐, 애를 이렇게 놔두면 어떻게 하느냐는 말에 이리저리 떠밀려 부모교육을 받으러 다녔습니다. 나를 챙기는 것은 뒤로 미루고 의무감과 책임감으로 움직였습니다.

　　그러나 아이는 학교에만 가면 함묵증과 함께 대인기피증이 심해졌습니다. 심리치료, 약물치료, 놀이치료 등 할 수 있는 것은 다 해보았지만 도움이 되지 않았습니다. 학년이 올라갈수록 사람들의 입에 더 많이 오르내렸고, 나의 상처도 점점 커져가고 있었습니다. 누구에게도 말을 못하고 홧병에 우울증이 심해져갔습니다.

　　그러다가 아이 교육을 위해 시작했던 하브루타 강좌에서 버츄프로젝트까지 배우게 되었고, 3일 동안 진행되는 연수에서 양경윤 선생님을 만나게 되었습니다. 그때는 감사일기가 무엇인지도 몰랐습니다. 그런데 양경윤 선생님께서 "욕해도 돼요. 속 시원하게. 감사하지 않으면 감사하지 않는다고 있는 그대로 적으면 돼요"라고 말씀하셨습니다.

　　내가 아는 '감사함'은 사치이자 가식이었습니다. 하루하루가 처참한데, '뭐가 감사하지? 누구 염장 지르려고 저러나?' 이런 생각들로 꽉 차있던 나였습니다. 그런데 욕을 해도 된다니요? 감사일기인데? 그 말에 순간 내 마음이 녹아 내렸는지 마음이 편안해지고, 감사일기를 적어보기 시작했습니다.

　　처음 감사일기를 적으면서 너무도 구질구질하고 우울해 '이걸 적어야 하나?' '계속해야 하나?' 라는 생각들을 매번 했습니다. 너무 에너지가 가라앉아서 땅속으로 들어가는 날들이 계속되니 저를 위해 함께해주고 계시는 감사일기 친구들에게 미안하고 부끄러웠습니다. 그렇지만 다들 이해와 격려를 해주셔서 계속 적어 나갔습니다.

"민숙언니, 요즘 얼굴 너무 좋아졌어요."

"자꾸 웃으시네요, 좋은 일 있으신가봐요."

그리고 변화는 가랑비에 옷 젖듯이 찾아왔습니다. 내가 바뀌었다는 주변 사람들의 말에 의아했지만, 분명 내 자신이 바뀌고 있다는 걸 스스로도 느끼기 시작했습니다.

감사일기를 꾸준히 적으면서 불안해 놓지 못했던 상담과 치료의 틀에서 벗어나기 시작했습니다. 상담실과 치료실에서 해주지 못했던 일들을 감사일기를 통해서 만나기 시작했기 때문입니다.

나를 챙기고, 나를 위로하며
아이를 재촉하지 않고, 기다려주고 공감하기

누구에겐 쉬운 일이겠지만 나에겐 너무도 어려운 일이었습니다. 아이를 보는 사람들마다, 비전문가나 전문가 모두가 하는 말이 "지금은 무엇을 하고 있는가?" "치료를 받고 있는가?" "이렇게 해야 한다, 저렇게 해야 한다"며 말들이 많았습니다. 상담이나 치료를 받지 않고 있다면 부모가 아이를 방치한다고 생각했습니다. 아이와 맞는 상담자를 찾으면 좋아질 것이라고 쉽게 이야기했지만 그동안 아이와 부모가 얼마나 많은 노력의 과정을 거쳐 왔는지에 대한 이해는 없었습니다. 상담이나 치료에서 모든 답을 찾아내려는 현실에 답답함을 느낄 때도 많았습니다.

감사일기는 나에게 어떤 상담보다 더 좋은 치료였고 지원자였습니다. 힘들 때 나의 감정을 쏟아부어 위로를 받았습니다. 어려운 상황이나 이해되지 않는 일은 찬찬히 감사일기를 적다보면 상황들이 객관적으로 보여 감정에 치우지지 않을 수 있었습니다. 그리고 감사일기를 적으면서 나의 행동과 감정이 객관적으로 보이기 시작하니 스스로 변화를 시도하기 시작했습니다.

고민하고 또 생각해 움직이니 그 행동이 제 아이에게 영향을 주었습니다. 아이는 여전히 학교에서 함묵증과 불안으로 힘들어 합니다. 그럼에도 불구하고 아이의 얼굴 표정과 말투가 밝아졌습니다. 학교에서 상처받고 힘든 일이 있었지만 다시 일어서는 회복탄력성도 좋아졌습니다.

감사일기를 적으면서 양경윤 선생님께 받은 미션이 있습니다. 아들을 긍정의 눈과 감사의 마음으로 바라보며 감사일기를 쓰는 것이었습니다. 처음에는 너무 힘이 들었습니다. 아이를 치료하러 다니면서 나도 모르게 응어리가 있었던 모양입니다. 그런데 어느 순간부터 아이가 이쁘고 사랑스러워졌습니다. 그렇지만 지금도 문득문득 힘들 때가 많습니다. 그러나 감사일기를 적어가며 그 순간을 잘 넘깁니다. 아이의 입장에서 바라보려고 다시 노력하게 됩니다.

얼마 전에 아들과 감사마법학교 강의에 함께 참석했습니다. 학교도 가기 힘들어하는 아들이 나와 함께 그 자리에 앉아 강의를 듣는다는 것만으로도 가슴 벅차고 행복했습니다.

앞으로 가야 할 길도 멀고, 많은 고비가 남았다는 것도 압니다. 그렇지만 감사일기와 함께하니 예전처럼 불안하고 긴장하지 않습니다. 나의 꿈은 평생 감사일기를 적는 것입니다.

감사일기를 만나 행복합니다. 감사일기가 나에게는 힘든 순간 든든한 버팀목입니다. 그리고 내 아이도 언젠가는 감사일기를 적게 되리라 믿습니다.

감사합니다. 고맙습니다. 감사합니다.

주어진 그 '무엇이' 아니라
그것을 '어떻게' 바라보는가에 따라
삶의 풍요는 달라집니다.

감사함의 시선으로 바라보면
세상의 풍요로움은
이미 두 손 안에 들어와 있습니다.

시크릿 2

'감사함'이
가져다주는 힘

감사로 바뀌는
언어의 온도

삶의 온기를 불어넣어주는 단어는 "고마워"입니다.
사소한 일들에서부터 "고마워"라고 표현합시다.

나의 말의 온도는 몇 도?

언어에는 나름의 온도가 있습니다. 따뜻함과 차가움의 정도가 저마다 다릅니다. 온기 있는 언어는 슬픔을 감싸 안아줍니다. (중략) 용광로처럼 뜨거운 언어에는 감정이 잔뜩 실리기 마련입니다. 말하는 사람은 시원할지 몰라도 듣는 사람은 정서적 화상을 입을 수 있습니다. 얼음장같이 차가운 표현도 위태롭기는 마찬가지입니다. 상대의 마음을 돌려세우긴커녕 꽁꽁 얼어붙게 합니다.

이기주 작가의 『언어의 온도』 첫머리에 나오는 글입니다. '온도'는 물체의 따뜻함과 차가움의 정도를 나타내는 말이지요. 만져지지 않는 언어의 온도는 어떻게 측정할 수 있을까요?

어떤 말을 들으면 마음이 따뜻해지고 어떤 말을 들으면 간담이 서늘해질 때가 있습니다. 언어의 에너지가 공기를 타고 우리의 몸속으로 들어와서 몸이 반응하는 것에 따라 언어의 온도가 측정되는가봅니다.

그러면 차가운 말과 뜨거운 말로 나에게 상처 주는 사람들은 나쁜 사람일까요? 그들은 실제는 좋은 사람일 겁니다. 단지 상황에 맞는 적절한 언어의 온도를 맞추기가 참으로 어려웠을 수 있습니다. 자신의 마음과 다르게 입 밖으로 나온 말 때문에 많은 분들이 자신의 화법에 불만을 가지고 있습니다.

어떻게 하면 간단하게 알맞은 온도를 찾을 수 있을까요? 오늘 사용한 언어의 온도는 몇 도쯤 되나요? '감사함'이라는 마법 도구를 장착하면 그 상황에 맞는 언어의 온도가 맞춰집니다.

"4학년 1반 교실을 들어서는 순간, 공기가 확연하게 다르지."

공기? 이 집에는 산소가 많고 저 집에는 이산화탄소가 많다는 말일까요? 분위기가 다르다는 말입니다. 수업을 하러 각 교실을 다니다보면 정말 교실의 분위기가 너무 달라서 학습의 성과도 확연하게 다르게 나타납니다. 어떤 곳의 공기는 차가운 것이 아니라 미세먼지가 너무 가득해서 숨을 쉴 수 없어 환기가 필요한 교실도 있습니다. 그런 교실에서 수업을 진행하는 게 참으로 어렵습니다. 그래서 학습 정서가 긍정적이고 전체 분위기가 좋은 학급을 두고 교사들은 위의 표현을 쓰곤 합니다.

학급의 공기, 교실의 분위기는 학생들의 일상 속 행복까지 좌지우지합니다. 학급의 공기가 따스한 곳은 일단 아이들이 안정감이 있습니다. 여러 갈등이 생겨나도 빠르고 원만하게 처리됩니다. 차가운 공기를 가진 반에서는 사소한 갈등도 큰 싸움으로 번지는 경우가 많습니다.

이것이 교실에만 해당되는 상황일까요? 각 가정에서도 마찬가지가 아닐까 합니다.

학급의 공기를 만드는 요인이 무엇일까요? 실제 학생들의 개인적인 소양이 그 첫 번째입니다. 학생들의 생활태도, 언어습관, 가정환경 등 모든 것이 포함되어 있습니다. 또한 그 학급을 운영하는 선생님의 영향도 무시할 수는 없습니다.

부정적 언어는 사랑받고 싶은 마음의 반작용

학급 공기를 따스하게 만드는 가장 핵심적인 것은 '언어'입니다. 학생들이 사용하는 언어가 결국 그 반의 '공기'를 만듭니다.

"에이 씨" "어쩌라고" "안물안궁" "관종" 등은 요즘 학생들 대화 속에 자주 등장하는 말들입니다. 학생들이 사용하는 말들은 요즘 세태를 그대로 반영한다고 할 수 있습니다.

상대가 나에게 관심가지는 것이 싫고, 상대에 대해서 알고 싶지도 않습니다. 그래서인지 타인의 시선을 끄는 행동을 보면 견디지 못해서 '관종'이라는 말로 상대를 비하하기도 합니다. 그러나 이것을 역으로 생각해보면 관심받고 사랑받고 싶은 욕구를 다르게 표출하고 있는 것이지요.

"○○는 정말 관종이에요. 저렇게 관심을 받고 싶어 하거든요. 정말 짜증나요."

수업 중에 ○○학생이 어떤 행동을 하자마자 옆에 있는 친구가 한마디합니다. 그래서 친구에게 관심을 가져주면 좋겠다고 하자 "선생님, ○○는 제 친구 아닌데요"라고 말합니다.

아, 친구가 아니라고 합니다. 같은 반에 있다고 해서 다 친구라고 할 수 없는 세상이 되었습니다. 단지 같은 공간에 있을 뿐이지 친구가 아니랍니다. 어쩌면 맞는 말인지도 모르겠습니다. 모두가 친구가 될 수는 없는 것이니까요. 그렇다고 비난의 상대가 되어서도 안 되고, 미워할 대상이 되어서는 더더욱 안 됩니다.

이런 세태 속에 학급을 운영하는 담임 교사들은 어려움이 많습니다. 많은 부모님들은 자녀가 어떤 언어를 사용하고 있는지 정확히 알지 못합니다. 집에서는 대화가 적고, 또 학생들 간의 대화언어와 부모와의 대화언어가 다르기 때문입니다.

부모님이나 선생님 어느 누구도 사랑하지 말라고 가르치지 않을 것이고, 상대를 비난하라고 가르치지 않습니다. 서로 사랑하라고, 좋은 말 하라고, 이쁘게 생각하라고 가르칩니다. 아이들도 사랑받고 싶은 욕구는 강하게 일어나고 있는데, 그것을 가짜 감정으로 다르게 표출하고 있는 것입니다. 이러한 아이들의 언어는 어디서 기인했을까요?

"안물안궁" "어쩌라구" 등 이런 단어들은 상대를 무시하는 단어들입니다. 그래서 '관종'이라는 말이 생겨났는지도 모르겠습니다. 관심받고 싶고, 사랑받고 싶은 욕구의 잘못된 발현, 잘못된 언어습관이 자리잡아서 그런지도 모릅니다.

삶의 온기를 불어넣어주는 단어, "고마워"

그러면 공기가 따뜻한 교실에서의 아이들은 어떤 단어들을 말할까요?

"고마워." 고맙다는 말을 많이 사용하는 선생님과 학생들은 서로에게 온기를 채워주고 감사 에너지를 나눔으로써 서로 간의 소통을 원활하게 합니다. 고맙다고 말하는 친구에게 화를 낼 친구들은 없어 보입니다. 물론 화를 낸다고 하더라도 금방 정리가 될 것입니다.

교사로서 많은 학생들을 만나면서 '고맙다'라는 감정은 원래 가지고 태어날지 몰라도 '연습'이라는 과정이 없으면 말로 발현되기 어렵다는 것을 느낍니다.

대한민국 여러 곳에서 생각보다 참 많은 연습이 필요해 보입니다. 학교에서 생활하다보면 실제로 고마워할 일이 생각보다 많습니다. 수업시간 단 한 시간에도 얼마나 많은 고마운 일이 일어나는지 모릅니다.

타인의 물건을 빌려 쓰면 "고맙다"라는 말을 할 수 있어야 하고, 도움을 받으면 "고마워"라는 말을 할 수 있어야 합니다. 급식소에서 식사를 제공해주시는 분들께도 고마움을 표현할 수 있어야 하며, 선생님이 나눠주시는 안내장 한 장에도 고마움의 인사를 해야 합니다.

일상의 사소한 일들에서부터 "고마워" "thank you"라고 입 밖으로 표현할 수 있어야 합니다. "고마워"라는 말이 온기를 불어넣어주는 말인 것은 고마움을 알게 되면 자연스럽게 "미안해"라는 단어들도 등장합니다. "미안해"와 함께 나오는 언어가 "괜찮아"입니다. 그 다음으로 "도와줄까" "같이할까" 등 이런 말들로 바뀌어갑니다. "고마워"라는 단어 자체가 가지고 있는 온기가 다른 따스한 말들을 자연스럽게 꺼낼 수 있도록 돕기 때문입니다.

그런데 "미안해" "괜찮아" "도와줄까" "같이할까"라는 말들에 '고마움'이 빠진다면 다시 차가운 언어가 되어버리지 않을까요?

말의 강력한 힘

"말이 씨가 된다."

"말에도 힘이 있다."

"말 한마디에 천 냥 빚도 갚는다."

말의 힘을 알려주는 우리의 속담들입니다. 예전부터 이렇게 전해지는 것은 '말이 가지는 힘'을 선조들이 알고 계셨기 때문입니다.

어떤 말이 좋은 씨앗이 되고, 힘이 되기도 하고, 천 냥이나 되는 빚도 갚을까요? 반대로 생각하면 나쁜 말은 나쁜 일을 일으키고, 말 한마디 잘못해서 천 냥 빚이 생겨난다는 것입니다. 말은 도대체 어떻게 이런 강력한 힘을 가지게 되었을까요?

재미있는 실험을 하나 해보려고 합니다. 오늘 식사는 맛있게 하셨나요? '먹는다, 먹다'라는 단어를 소리내어 말해보세요. 그 후에 아래에 제시된 글자 뒤의 빈칸을 채워 단어를 만들어 보세요.

건 _____

어떤 단어를 만드셨나요? 건빵, 건포도, 건어물, 건강 등 먹는 것과 관련 있는 단어들을 순간적으로 떠올렸을 가능성이 높습니다. 그런데 제시어가 '빨래'였다면 빈칸에 어떤 단어가 먼저 떠올랐을까요? 건조대, 건조기 등이 아니었을까요?

영어도 마찬가지입니다. 먹다, 즉 eat이라는 단어가 먼저 슬쩍 제시되었다면, so_p의 빈칸에 들어갈 알맞은 단어는? 어떤 철자를 선택하셨나요? u를 넣어 'soup(수프)'를 만들 가능성이 'soap(비누)'라는 단어를 만들 가능성보다 훨씬 높습니다. 그런데 '씻다wash'라는 단어가 제시되었다면 그 반대로 수프보다 비누를 더 먼저 떠올렸을지 모릅니다.

이러한 현상을 '점화효과priming effect'라고 합니다. 시각적으로 먼저 제시된 단어가 나중에 제시된 단어의 처리에 영향을 주는 현상입니다. 이러한 점화현상은 자신의 행동과 감정이 전혀 모르는 사건들에 의해서 영향을 받는다는 것입니다.

심리학자 존 바그John Bargh 교수는 학생들에게 무작위로 단어들을 주고 문장을 만들라고 했습니다. 하지만 사실 그 단어들의 절반 이상은 '잊어버리는' '연약한' '어두운' '보호' '찌푸린' '주름진' '은퇴' 등 노년을 연상시키는 단어였습니다. 문장을 만든 후 학생들이 복도 끝까지 걸어가는 시간을 몰래 측정해보니 다른 집단보다 이동하는 데 더 많은 시간이 걸렸다고 합니다. '늙었다'라는 단어가 언급되지는 않았지만 학생들에게 노년에 대한 생각을 불러일으킨 것입니다.

의식적으로 노년을 인식하지 않았음에도 무의식 상태에서 행동이 바뀌었습니다. 노년의 단어를 떠올리면 노인의 행동이 나타나고, 그 행동이 또 다시 노년에 대한 생각을 강화하는 것입니다.

그렇다면 반대로 젊은이를 떠올리는 단어들을 제시한다면 어떤 현상이 일어날까요? '건강한' '활기찬' '역동적인' '의욕적인' '열정적인' '밝은', 이러한 단어를 듣는 동시에 행동은 힘차게 변화하고 삶도 더 활기차게 바뀌게 됩니다. 그래서 긍정문과 부정문의 점화효과가 다른 것입니다.

'뛰지 않는다.'

'걷는다.'

이 두 문장이 같은 의미로 느껴지시나요? 뛰지 않는다고 해서 꼭 걷는 것은 아닙니다. 기어 다닐 수도 있지 않을까요? '뛰지 않는다'라는 문장을 들으면 어디에 먼저 점화가 될까요? 네, '뛴다'에 점화가 됩니다. 아이들에게 뛰지 말라고 하는 말이 어쩌면 아이들을 더 뛰게 하는지도 모릅니다.

단어에 의해 행동이 점화된다면 "감사합니다" "고맙습니다" "친구야, 고마워"라는 말에 우리의 삶은 어떻게 변화하게 될까요? 어떤 말로 자신과 상대의 생각, 행동을 점화하고 싶으신가요?

욕설의 반격

단어만 들어도 우리의 몸이 반응하고 행동도 변화하는데, 욕을 듣고 욕설을 입 밖으로 내뱉는다면 어떻게 될까요? 요즘 학생들은 일상 대화에 욕을 섞어서 사용합니다. 그러나 정작 본인은 그로 인해 자신이 얼마나 많은 피해를 입고 있는지 잘 인식하지 못합니다. 그리고 이미 욕을 하는 것이 습관이 된 학생은 자신이 직전에 사용한 욕이 무엇이었는지조차 기억하지 못합니다.

왜 욕을 쓰게 되는 것일까요? 스트레스를 풀기 위해, 상대를 공격하기 위해, 친구들이 쓰니까 혼자만 안 쓸 수가 없어서, 습관이 되어서…. 이렇듯 학생들이 욕을 사용하는 이유는 다양합니다.

초등학생들은 인터넷의 다양한 영상매체, 온라인 게임 채팅, 친구를 통해서 욕을 배우게 됩니다. 욕 사용에 대한 실태조사에 따르면 처음에는 남들이 사용하니까 따라하게 되는 비중이 35%, 이미 습관이 된 학생이 20%, 친밀감을 위해서 사용한다고 한 친구들이 11% 이상이 넘습니다.

우리가 평소 사용하는 언어는 우리의 행동들을 지배합니다. 욕은 다른 언어보다 4배 정도 잘 기억되고 분노, 공포 등을 느끼는 '감정의 뇌'를 자극해 '이성의 뇌' 활동을 막습니다. 그래서 강한 욕설을 듣는 순간 통제력을 상실하게 됩니다.

욕은 타인과 자신에게 화, 분노를 점화시키게 되고, 분노의 감정은 의식 수준을 떨어뜨려 상대를 향한 원망과 질타를 반복하게 됩니다.

워싱턴대학교의 엘머 게이츠Elmer Gates 교수의 연구에 의하면, 욕을 하는 순간 침에서 분비되는 갈색 침전물을 쥐에게 주사하면 쥐는 곧 죽음을 맞이하게 된다고 합니다.

이런 결과라면 스트레스가 풀렸을까요? 상대를 제대로 공격한 것이 맞을까요?

누군가를 공격하려고 한 욕은 실제로 자신이 가장 많이 듣게 되고, 결국 자신을 공격하는 물질을 스스로 만들어내는 셈입니다. 과연 이런 상태에서 우리는 행복감과 만족감의 생활을 유지할 수 있을까요?

인간은 언어를 사용하는 동물입니다. 언어의 지배를 받고 있지요. 삶의 질을 바꾸려면 언어를 바꿔야 합니다.

이미 내 자녀가 욕하는 게 습관이 되어 있다면? 내 아이가 어떤 말을 사용하면서 지내는지 모른다면? 이럴 땐 어떻게 해야 할까요? 좋은 단어로 많은 대화하기, 좋은 책 읽기 등 이미 알려진 대답들이 우선 떠오릅니다. 어쩌면 "그런 책을 읽으라고 해도 읽지 않아서" "대화를 시작하기도 힘들어요"라고 되물을 지도 모르겠습니다.

자녀와 대화를 하든지, 함께 책을 읽든지 간에 부모와 자녀의 관계를 형성할 시작점이 필요합니다. 그 시작을 할 단어는 "고마워"입니다.

어떤 대화를 하든지, 아이의 상황이 부정적이라고 하더라도, "고마워"라는 말을 전해주세요. 한두 마디 대화에서도, 방금 집으로 들어온 자녀에게도 그냥 "고마워"라고 한마디 던져보세요. 그것이 바로 따스한 온기를 넣어주는 시작이 될 겁니다.

감사함으로 돈을 정화하기

기왕 '점화효과'에 관한 이야기가 나왔으니 돈에 관한 실험도 소개해드리고 싶습니다. 돈을 상기시키는 점화효과는 어떤 결과를 가져왔을까요? 돈에 점화된 참가자들은 다른 것으로 점화된 사람들보다 더 독립적으로 변했다고 합니다. 까다로운 문제를 해결하기 위해 2배 가까운 시간을 더 노력하게 되었고, 자기 의존도가 높아졌습니다.

또 하나의 놀라운 결과는 매우 이기적인 모습을 보였는데, 다른 사람을 위해 시간을 투자하는 행위를 다른 집단보다 주저하고 망설였다고 합니다. 뿐만 아니라 다른 사람들과 대화할 때 의자의 거리를 멀리 떨어뜨려 놓았습니다. 돈에 대한 생각이 타인의 요구를 수용하길 꺼려하는 개인주의를 점화시킬 수도 있다는 겁니다.

이처럼 점화효과가 분명히 일어나긴 하지만 100% 완벽하거나 올바르다고 할 수는 없습니다. 온통 물질을 중시하는 문화 속에서 돈을 떠올리는 생각으로 가득 차있다면 우리의 행동과 태도에 좋지 않은 영향을 줄 수 있습니다. 그것은 결국 삶 전반의 방향을 바꿔 버릴 수도 있는 것입니다.

돈에 노출되고 그러한 문화 속에 있는 우리 현대사회에서

'감사함'의 생활은 참으로 필요합니다. 그래야 돈에 의해 지배되지 않습니다. 돈에 지배되지 않는다는 말은 '돈이 없어도 된다'라는 의미가 아닙니다. 현대 사회만큼 돈이 필요한 사회가 있을까요?

돈도 말을 알아듣습니다. 먹고 죽으려 해도 돈이 없다고 말하면, 돈도 오지 않습니다. 부정적 점화가 일어나니까요. 돈을 제대로 쓸 줄 알고 제대로 사랑할 줄 알아야 돈도 긍정적 점화가 되어 나에게로 옵니다. 돈이 있어서 우리가 생활할 수 있으니 감사하고, 돈으로 다른 이들에게 베풀 수 있으니 감사합니다. 또 그 돈이 오기까지 수고한 이들에게 고마워할 줄 알아야 합니다.

'감사함'으로 돈을 대하면 본인은 물론 자녀들에게도 돈에 대한 부정적 점화가 아니라 돈에 대한 사랑, 타인에 대한 이타적인 마음까지 만들어줄 수 있습니다. 언어는 돈에까지 막강한 힘을 발휘하니, 정말 언어 선택은 중요합니다.

'감사함'이라는 마법도구는 좋은 언어를 사용하게 해 우리에게 더 많은 힘을 만들어주고 풍요롭게 해줍니다. 부정적인 상황, 삶에 좋지 않은 점화단어는 그 현상을 감소시켜 더 나쁜 방향으로 우리의 삶을 끌고 갑니다.

1. **하루의 감사한 일** 릴레이 대화

   잠자리에 들기 전, 부모님이 하루 동안 감사한 일을 먼저 하나 이야기하고 그 다음은 자녀가 이야기하도록 합니다.

2. **주제별 감사함** 우리나라에 감사하기

   - 나라가 존재함으로써 보호받고 있음에 감사합시다.
   - 소속될 수 있는 국가가 있음에 감사합시다.
   - 지나온 역사가 있음에 감사합시다.
   - 글자가 있음에 감사합시다.
   - 세계평화에 기여할 수 있음에 감사하도록 합시다.

3. **감사일기** 삼일절입니다. 삼일절이라는 말만 들어도 가슴이 뭉클합니다. 그날 얼마나 많은 사람들이 우리나라의 독립을 위해 나섰을까요? 지금의 우리가 존재하는 것은 다 그분들 덕분입니다. 그러한 사실을 알기에 대한민국에서 살아가는 하루하루가 더 소중합니다. 고맙습니다. 고맙습니다. 고맙습니다.

'감사함'으로
행복 얼굴로 성형하기

행운의 여신이 다가온 이유는
바로 미소 짓는 당신의 얼굴 덕분입니다.

얼굴은 하느님보다 의느님?

"좋은 일 있으세요?"

"얼굴이 너무 좋아지셨어요."

"요즘 얼굴 관리하시나봐요?"

감사일기를 작성하고 난 후 타인이 먼저 알아보게 되는 것은 무엇일까요? 바로 얼굴입니다.

마음이 편안해지고 행복해지면 그것이 얼굴에 나타나기 마련입니다. 어느 순간이든 미소 짓게 되고 행복감을 느끼다보니 자신도 모르게 밝은 표정을 하고 있습니다.

태어나기를 이쁘게 태어나고, 멋지게 태어나면 좋겠지만 모두가 그렇게 태어나기는 어렵습니다. 이미 타고난 얼굴을 바꿀 수도 없습니다. 물론 성형으로 얼굴을 바꿀 수 있다고 생각하는 사람들도 많습니다. 성형이 너무 잘된 사람들을 보고 "하느님보다 의느님(의사)"이라는 말을 할 정도 의학기술이 발전한 것은 사실입니다. 하지만 성형이 우리 인생의 모든 것을 해결해 줄까요?

예뻐지고 싶은 욕구는 초·중·고등학생 할 것 없이, 또 남녀노소 상관이 없습니다. 요즘 화장하는 학생들의 연령은 계속 낮아져 이제는 초등 저학년들도 화장을 하곤 합니다. 성형을 할 수 없으니 화장으로라도 예뻐지겠다는 의지를 가진 아이들입니다. 어린 학생들이 얼굴에 비비크림을 하얗게 바르고 입술에 립스틱을 빨갛게 바른 것을 보고 있으면 안타깝습니다.

제가 보기엔 바르지 않은 아이들의 얼굴이 더 예쁩니다. 아이들은 자신의 얼굴이 못났기 때문에 화장을 해야 한다고 생각합니다. 화장을 해서 스스로 예쁘다고 자존감이 생기면 다행인데, 그것도 아니어서 교사로서 안타깝습니다. 게다가 화장품의 독성이 어린 피부일수록 잘 침투됩니다. 환경 호르몬에 의한 여러 가지 질환들에 노출될 수 있으니 이 또한 염려스럽습니다.

사실 화장은 아이돌들이 화장을 하고 TV에 나오면서부터 학생들에게 보편화되어버린 경향이 높습니다. 자신이 우상으로 여기는 아이돌처럼 되고 싶은 것도 화장을 하려는 심리에 한 몫하고 있습니다.

그 이쁘고 잘생긴 아이돌들도 민낯 공개를 하지 못합니다. 화장하지 않고서는 카메라 앞에 설 수 없다고 합니다. 남학생들도 그 영향으로 자신의 결점을 커버하기 위해 화장을 합니다. 남자아이들이 화장을 해도 예전처럼 이상하게 여기는 그런 문화가 사라져가고 있습니다.

'서시빈목'이라는 말을 들어보셨을 겁니다. 중국 천추시대 양귀비와 함께 4대 미인으로 손꼽히는 '서시' 이야기입니다. 아름다운 서시는 속병이 있어서 가슴을 쓰다듬으며 얼굴을 찡그리곤 했는데, 찡그린 얼굴조차 얼마나 예뻤던지 많은 사람의 마음을 혹하게 했다고 합니다.

어느 날 아주 추하게 생긴 마을 처녀가 '서시의 찌푸린 얼굴'을 보고는 엉뚱한 생각을 하게 되었습니다. 서시처럼 자기도 얼굴을 찌푸리면 훨씬 예뻐 보이지 않을까 싶었던 것입니다. 그래서 일부러 얼굴을 잔뜩 찌푸리고 돌아다녔다고 합니다. 그러나 그 모습을 본 마을 사람들이 놀라서 아예 문을 잠그고 나오지 않았다고 하지요. 얼굴을 찡그린 서시를 따라서 했다가 눈을 더 찌푸리게 했다는 의미가 '서시빈목'입니다. 자기 상황이나 모습을 전혀 고려하지 않고 무조건적으로 따라해 웃음거리가 된 것을 비유적으로 한 말입니다.

서시의 아름다움은 찌푸린 얼굴에서 나오는 것이 아닙니다. 마을 처녀는 그 본질을 이해하지 못했기 때문에 겉으로 잠시 드러난 찌푸린 형태, 그 부차적인 면만 확인했을 뿐입니다.

다른 사람을 흉내만 내어서는 아름다워지기 어렵습니다. 자신만의 아름다움을 찾아내어 표출해야 진정한 아름다움이 되겠지요. 아이돌의 화장을 따라했다가는 예뻐지기는커녕 '서시빈목'이 되기 쉽습니다.

아름답다는 말은 어떤 의미일까요? 진정한 아름다움은 어디에서 오는 것일까요? 아름다움은 외부에서만 이루어지는 것이 아닙니다. 내부에서 채워져 밖으로 뿜어져 나올 때 그 아름다움이 제대로 인식됩니다. 실제 겉에서만 만든 아름다움은 오래 가지 않습니다. 화장한다고 해서 그 원래의 모습이 바뀌지 않는 것처럼 말입니다.

내면의 아름다움이 있어야 외면의 아름다움도 지속됩니다. 우리의 몸도 마찬가지입니다. 우리의 피부는 몸속 장기의 영향을 많이 받습니다. 당장 식중독에 걸려서 속이 엉망이 되면 피부에 바로 발진이 납니다. 외부를 아무리 다스려도 속이 다스려지지 않으면 안 되는 것이지요. 아름다움도 이와 마찬가지입니다.

의느님보다 '얼'

그러면 내면을 어떻게 가꾸어야 할까요? 혹시 영화 〈관상〉을 보신 적이 있나요? 그 영화 덕분에 한동안 관상에 대한 관심이 높아지기도 했습니다. 관상은 사람의 얼굴을 보고 그의 운명, 성격, 수명 따위를 판단하는 일을 의미합니다. 즉 얼굴에 그 사람의 운명이 있다는 것입니다.

처음부터 관상학적으로 좋지 않게 태어나면 너무 억울할 것 같습니다. 그래서 운명을 좋게 바꾸고 싶어 얼굴 성형을 하는 분들이 생겨나나 봅니다. 사람의 운명이 얼굴상에 달렸다면 조금 슬픕니다.

얼굴이라는 것은 '얼'이 드나드는 '굴'이라는 뜻입니다. '얼'은 정신이지요. 지금 얼굴을 성형하겠다는 것은 '얼'이 아니라 '굴'을 고치겠다는 의미입니다. 눈, 코, 입 모양을 좋게 만들어 운명을 바꿔보겠다는 것이지요. 그런데 얼굴은 '굴'만 바꿔서는 해결이 안 됩니다. '얼'도 바꾸어야 관상이 바뀌는 것이지요.

'얼'이 빛이 나야 '굴'도 그 역할을 다할 수 있습니다. '얼'과 '굴' 중 빛을 낼 수 있는 것은 '얼'이기 때문입니다. '굴'만으로는 빛이 날 수가 없습니다. 그래서 "사주팔자보다는 관상이고, 관상보다는 심상"이라는 말이 나오나봅니다. 관상이 아무리 좋아도 심상이 좋지 못하면 그 사람의 운명은 그다지 좋지 못하는 것입니다. 그런데 심상이 좋으면 결국 관상도 좋아진다는 뜻입니다.

결국 운명을 좌우하는 것은 '굴'이 아니라 '얼'에서 나오는 것입니다. 제대로 된 '얼'을 챙기게 된다면 행운을 잡는 것은 시간문제입니다. 얼굴이 마치 성형한 듯 환해지려면 '얼'을 잘 챙기고 키우면 되는 일입니다. 그렇다면 내 자녀의 '얼'과 '굴'은 어떻게 키워야 할까요?

어린이, 어른, 어르신

우리말에는 '얼'과 관련된 말이 참으로 많습니다. 그만큼 '얼'이라는 것을 중요하게 여겼다는 의미입니다. '얼'이 나온 김에 '얼'과 관련된 단어를 한번 챙겨보겠습니다.

'얼간이'는 말 그대로 얼이 나간 사람이라는 뜻입니다. 즉 정신이 나갔다는 것이지요. 어떻게 했기에 정신이 나갔을까요? 자신의 감정에 빠지거나, 욕망에 빠져버리게 되면 정신이 나가버립니다

'어리석다' 역시 얼과 관련된 말입니다. 느낌 그대로 얼이 썩

었다는 의미로 볼 수 있습니다. 얼이 살아 있어야 하는데 얼이 썩어버렸으니 어떻게 살아가는 삶인지 바로 느껴지실 겁니다. 혹시 지금 우리가 어리석은 삶을 살아가고 있는 건 아닌지 한 번 되짚어보고 '얼'을 싱싱하고 생동감 있게 만들어보면 좋겠습니다.

'어리둥절하다' '얼떨떨하다' '얼렁뚱땅' '어리버리' '얼뜨기' '얼큰하다' '얼버무리다' '얼싸안다' 등도 '얼'과 관련되어 파생된 단어들입니다. '얼싸안다'는 두 팔을 벌려 서로 껴안는 형태로 얼마나 좋으면 '얼'까지 모두 껴안을까 하는 생각이 드는 단어입니다. 우리들 삶에서 얼싸안는 일이 많아지면 좋겠습니다.

'어린이' '어른' '어르신'도 얼과 관련된 글자들입니다. '어린이'는 얼이 어리기 시작한 상태, '어른'은 얼이 큰 사람, '어르신'은 얼이 커서 신이 되는 사람을 의미합니다.

'얼'은 정신이 성장하는 단계를 의미합니다. 어린이는 얼이 아직 만들어지기 전이니 제대로 얼을 만들어줘야 합니다. 우리의 삶이 어린이에서 어른이 되고 또 어르신이 되는 과정인데, '얼'이 빠진다면 진정한 의미의 어른이 되기 힘들어 보입니다.

어린 자녀에게 어떤 '얼'을 만들어주고 싶으신가요? 그리고 부모님의 '얼'도 한번 챙겨보시기 바랍니다.

미소 짓는 얼굴 vs. 무표정한 얼굴

"순심이는 항상 웃는 표정이라 보는 내가 즐거워."

"길동이는 표정이 항상 왜 그리 무뚝뚝할까?"

"개똥이의 얼굴은 왜 항상 시무룩할까?"

"그 사람은 왜 말을 할 때 인상을 그리도 쓰는 걸까?"

"저 친구 얼굴은 뭔지 모르지만 빛이 나는 것 같아."

우리는 타인의 얼굴 표정을 보고 이러쿵저러쿵 이야기할 때가 있습니다. 타인의 얼굴에 대해 비평하기는 참으로 쉽습니다. 자신의 얼굴은 보지 못해도 타인의 얼굴은 거울처럼 바라보기 쉽기 때문입니다. 그래서 주변 사람이 얼굴을 찡그리고 있으면 그 영향을 받아 기분이 좋지 않고, 또 밝은 사람을 만나면 기분이 좋아지기도 합니다.

그렇다면 평소 본인의 표정이 어떠한지 알고 계신가요? 일을 하거나 누군가와 이야기할 때 어떤 표정을 짓는지, 얼굴 근육이 어떠한지 정확하게 스스로를 볼 수 없습니다. 아래 2가지 중 본인의 얼굴 표정은 어느 것이라고 생각합니까?

① 무표정한 얼굴, 딱딱하게 굳은 얼굴

② 입꼬리가 살짝 올라가고 눈가에 따뜻함으로 미소가 지어진 얼굴

①, ②는 딱히 누구의 얼굴이라기보다 상황이 다른 얼굴 같습니다. ①의 표정을 보니 누군가와 싸웠을 것 같고, 아니면 고민이 있는 얼굴인 듯합니다. ②의 표정은 아마도 맛난 것을 먹고 있거나, 좋아하는 사람과 행복한 대화중이 아닐까 합니다.

그러니 ①, ②의 얼굴은 같은 사람의 다른 얼굴일 뿐입니다. 어쩌면 ①은 화가 나거나 고민이 있는 것이 아닐지도 모릅니다. 그런데 왜 딱딱하냐고요? 그냥 평소 얼굴 모습입니다. 의식하지 않고 있으면 딱딱하고 무표정한 얼굴이 되기 쉽습니다. 사무적인 일을 하는 중에는 의식하지 않으면 더 그런 표정이 됩니다. '얼'과 '굴'이 딱딱해지는 것이지요.

미소로 '얼' 챙기기

일이 힘들더라도 '굴'의 표정을 바꿔 '얼'의 생기를 찾아오는 방법이 있습니다. 일을 하면서도 의식적으로 '미소'를 짓는 것입니다. 이 글을 쓰고 있는 순간 저의 얼굴에도 미소가 피어났습니다. 미소라는 단어에 점화효과가 일어났나봅니다. 앞장에서 언급한 '점화효과'를 기억하실 겁니다.

좋은 일이 있으면 우리는 자연스럽게 미소 짓게 됩니다. '얼'

이 '굴'을 그리 만드는 것입니다. 의식적으로 미소짓다보면 '얼'도 미소 짓게 되지 않을까요? "행복해서 웃는 게 아니라 웃어서 행복하다"라는 말이 있습니다. '얼'과 '굴'이 함께 움직이고 있으니 그것도 맞는 말인 듯합니다.

이제 미소와 관련한 아주 유명한 실험을 한번 따라해보시길 바랍니다. 표정에 관한 실험으로 독일의 심리학자 프리츠 스트랙Frits Strack은 두 그룹으로 나누어 재미있는 만화영화를 보여줍니다. 이때 연필을 치아 사이에 끼운 팀은 자기도 모르게 얼굴 아랫부분을 움직여 미소를 지은 반면, 입술로 연필을 물은 팀은 어쩔 수 없이 얼굴을 찡그렸습니다. 얼굴 근육으로 미소를 지은 사람들이 찡그린 사람들보다 더 많은 행복감을 느꼈고, 만화도 훨씬 더 재미있다고 여겼습니다.

그러면 한 단계 더 나아가 아래의 실험을 한번 따라해보세요.

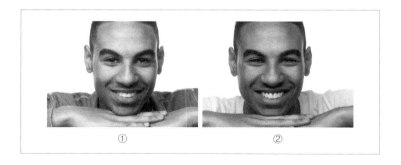

①   ②

정서심리학자 폴 에크먼^{Paul Ekman}은 얼굴 근육을 다양하게 조합해서 미소를 만들었는데 그중 하나만이 진짜 즐거운 웃음이고 나머지는 가짜 웃음이라는 것을 알아냅니다. 눈 가장자리 근육인 안륜근이 사용될 때가 진짜 웃음이라고 합니다.

진짜 웃음을 '뒤센 미소'라고도 하는데, 이때 긍정적 정서가 가장 효과를 나타낸다고 합니다. 앞의 그림 2가지 중에 어느 것이 진짜 웃음일까요? 네, ②번입니다.

'뒤센 미소'가 중요한 것은 행복해서 웃은 것이 아닌데 '얼'에 긍정적인 효과를 나타냈다는 것입니다. 활짝 웃는 뒤센의 미소까지는 아니더라도 치아를 드러내고 미소 짓는 연습을 하다 보면 행복한 일이 마구마구 따라오게 될 겁니다. 또한 얼굴의 인상이 웃는 상이 되어 인생이 바뀌게 될 겁니다.

미소에 대한 연구는 다양하게 이루어져 있는데 기억, 언어, 이해 등에서도 효과를 나타나고 있습니다. 치아를 보이며 웃을 때 학습증진 효과가 나타납니다. 학습은 긍정적 상태일 때 그 효과가 높이 나타납니다.

웃음 근육의 움직임을 관장하는 곳은 칭찬과 보상을 받을 것이라고 기대될 때 활성화되는 뇌의 영역과 같다고 합니다. 결국 웃음 근육을 사용한다는 것은 칭찬, 보상을 받을 때와 유사한 대뇌 상황을 만드는 것입니다. 이미 자신의 뇌가 모든 것을 받아들일 준비를 마쳤으니 학습효과도 올라가고 대인관계도 좋아질 수밖에 없습니다.

자주 미소 짓는 얼굴이 되게 하려면 어떻게 해야 할까요? 미소를 짓는 것은 '굴'을 바꾸는 일입니다. 미소 짓는 연습도 아주 중요합니다. 그러나 '얼'도 함께 이루어질 때 더 많은 행운이 함께 찾아옵니다. 매 순간 감사함을 느끼게 되면 자신도 모르게 얼굴에 미소를 띠고 있게 됩니다. 감사함으로 '얼'을 챙기게 되면 미소는 자연스럽게 찾아옵니다.

감사함으로 빛날 때 우리의 얼굴은 생기를 얻게 되고, 미소 띤 얼굴은 최고의 관상이 됩니다. 이것이야말로 감사함으로 만들어지는 진정한 아름다운 성형이 아닐까요?

미소 짓는 얼굴이 바로 우리의 인상과 인생을 바꿔놓을 겁니다. 행복하게 미소 짓는 부모의 얼굴, 그 얼굴을 보고 자라는 자녀도 미소가 번질 겁니다. 결국 본인과 자녀의 인생을 풍요롭게 만드는 일은 감사함으로 미소 짓는 그 순간부터 시작될 겁니다. 미소 짓는 집안의 따스한 공기로, 내 자녀의 사이즈도 한층 업그레이드 해보는 것은 어떨까요?

그냥 텔레비전을 보다가도, 밥을 먹다가도, 사실 우리는 참 감사한 순간들이 많습니다. 그때마다 치아가 보일 정도로 미소를 지어보세요. 거울을 보고 치아가 보일 정도로 미소 지으며,

"참 감사하다"라고 말해보세요. 일하면서도, 공부하면서도 "참 감사하다"라고 말하고 미소를 지어보세요. 이제부터 언제 어디서나 행운이 저절로 따라오는 미소 짓기를 실천해보세요.

How to size up 6

1. **하루의 감사한 일** 릴레이 대화

   잠자리에 들기 전. 부모님이 하루 동안 감사한 일을 먼저 하나 이야기하고 그 다음은 자녀가 이야기하도록 합니다.

2. **주제별 감사함** 직장과 학교에 감사하기

   (부모)
   - 직업이 있고, 일을 할 수 있는 것에 감사합시다.
   - 직장 덕분에 경제적 이로움을 누리고 있음에 감사합시다.
   - 직업을 통해서 자신의 역량을 발전시키는 것에 감사합시다.
   - 경제활동을 하고 돈을 벌어 원하는 곳에 소비할 수 있음에 감사합시다.

   (자녀)
   - 공부하고 생활할 수 있는 학교에 감사합시다.
   - 원하는 직업을 소망하며 감사합시다.
   - 교육 시스템이 있음에 감사합시다.
   - 교육의 지원을 받고 있음에 감사합시다.

3. **감사일기** 우리의 안정적인 직장과 급여 덕분에 계획적인 지출을 할 수 있습니다. 감사합니다. 더 열심히 더 재미나게 살 수 있도록 노력해야 합니다. 우리는 돈도, 마음도, 행복도 부자입니다. 감사합니다. 고맙습니다. 감사합니다.

감정을 온전히 받아주는 힘,
감사함

시기, 질투, 불안, 그리고 행복, 기쁨, 평온…
그 모든 것은 나 자신입니다. 감사함으로 온전히 모두 안아주세요.

내 안의 소중한 친구, 감정

"화나고 슬프다고 나쁜 아이가 되는 것이 아니어서 정말 다행이에요."

초등학교 5학년 학생이 수업을 마치고 한 말입니다. 초등학교 5학년 도덕 교과서에는 '내 안의 친구, 감정'에 관한 내용이 나옵니다. 자신의 마음속, 즉 내부의 소리에 귀 기울이고 감정과 욕구의 바람직한 표출 방식을 배우는 단원입니다.

물론 수업 한두 시간 한다고 인간이 가지는 수많은 감정과 욕구에 대해 다 이해할 수도 없고, 배울 수도 없습니다. 그렇지만 꼭 행복하고 즐겁고 설레는 그러한 감정만이 옳은 것이 아니라, 화나고 두렵고 슬픈 이러한 감정도 인간에게 일어나는 자연스러운 감정이라는 것, 인간은 원래 다양한 감정을 품고 있는 존재라는 것을 아이들에게 알려줄 수 있어서 참 좋은 수업이라고 생각합니다.

두려움, 절망감, 불안함, 무서움 등의 불안한 감정들. 서운함, 침울함, 비참함 등의 슬픈 감정들. 기쁜, 활달한, 열정적인, 만족하는 등의 즐거운 감정들. 감정은 종류도 다양하고, 자신에게 일어나는 감정을 언어로 표현하기 힘든 것들도 많습니다. 이러한 감정들은 항상 생겨나고 고조되기도 하고, 사라지기도 하는 것이 정상입니다. 그런데 간혹 슬픔, 분노, 불안감 등 부정적 감정이 나쁜 것이라고 오해하는 경우도 많습니다.

잘 참지 못하고, 화내고, 짜증내고, 상대방의 말에 공격적으로 대하는 사람을 보면 누구나 불편할 수밖에 없습니다. 표출된 부정적 태도가 다른 사람들에게 불쾌감을 주어 '감정'이라는 그 자체에 대해 잘못되었다라고 착각하게 만듭니다. 감정 자체가 잘못된 것이 아니라 표출 방식이 잘못된 것뿐인데 말입니다.

실제로 분노할 이유가 있는데 분노하지 않고, 슬픈 일이 있는데 슬프지 않다면 더 문제가 되지 않겠습니까? 이러한 감정이 일어나는 것은 지극히 정상이라는 것입니다.

그러나 그것을 어떻게 올바른 방식으로 표출하는가는 조금 다른 문제입니다. 이러한 감정을 제대로 표현할 수 있도록 도와주는 것이 부모와 교사 그리고 사회가 해야 할 일이라고 생각합니다.

불안한 아이와 부모님

'모범생처럼 보이면 친구들 사이에서 찐따가 될 것 같아.'
'친구들의 말을 들어주다보면 호구가 되지 않을까?'
'나는 장난을 친 것뿐인데 왜 괴롭혔다고 말할까?'

이런 불안감이 실제 생활에 많은 영향을 미치게 됩니다. 학생들의 불안감은 학업성적이 잘 나오지 않을까 하는 것도 있지만 그것보다는 친구 관계에서 많이 나타납니다.

성격이 소심한 학생들의 경우, 자신이 교실에서 '찐따'가 되는 게 싫어서 일부러 더 거칠게 행동하려는 경향을 보이기도 합니다. 친구들을 잘 도와주고 잘 지내던 아이들도 자신만 호구가 되는 것 같다고 느껴져 이기적인 행동을 하기도 합니다. 혹시 친구들이 자신을 맘대로 하고 얕볼까 하는 두려움이 다양한 부정적 태도로 나타납니다. 친구들이 나를 싫어할까 불안해하면서, 친구들 앞에서 잘 보이고 싶은 욕망들도 가지고 있습니다.

불안한 감정은 스스로를 갉아 먹어 올바른 행동을 찾아가는데 도움이 되지 않습니다. 이러한 불안감으로 아이들은 자신의 감정과는 전혀 다르게 욕구를 표출하기도 합니다.

비뚤어진 욕구 충족과 가짜 감정

우리의 감정은 욕구와 관련이 깊습니다. 욕구가 충족되면 만족감이라는 감정이 일어나게 되고, 감사한 마음도 잘 일어나게 됩니다. 그러나 자신의 상황과 욕구가 충돌되면 불안한 감정이 일렁이게 되고, 감사한 마음도 잘 생기지 않습니다.

그래서 감사의 마음을 가르친다고 배울 수 있는 것이 아닙니다. 우리 삶은 감정과 함께 움직이며 진행되고 있습니다. 욕구의 충족이 외부세계와 충돌할 때 나타나는 감정의 대부분이 부정적 감정입니다.

예를 들면 새로운 휴대전화를 가지고 싶은데 가질 수 없다면, 게임을 하고 싶은데 숙제를 해야 한다면, 친구들과 함께 놀고 싶은데 아무도 놀아주지 않는다면, 학업 성적이 높았으면 하는데 거기에 미치지 못한다면 슬픔, 분노, 우울 등의 감정이 일어나게 됩니다.

부정적 감정 자체가 일어나는 것은 문제가 될 수 없습니다. 그러나 그것을 표출하는 잘못된 방식과 비뚤어진 욕구의 충족은 자신도 모르는 사이에 스스로를 갉아먹습니다.

'찐따'가 되고 싶지 않은 아이들

2000~2010년에는 청소년들의 학용품 절도, 음식물 절도 등에 팬시점과 편의점주들이 골머리를 앓았습니다. 공부를 잘하든 못하든, 가정이 부유하든 부유하지 않든, 아이들 사이에서 '보여주기'식 절도가 유행처럼 번지는 현상이 생겨났습니다. 절도를 했다는 것을 일부러 알려서 다른 사람의 관심을 끌려는 기현상이었습니다.

요즘 들어서는 서울시의 공공 자전거 '따릉이'를 절도하는 일까지 퍼지고 있어 우려의 목소리가 높습니다. 심지어는 청소년 사이에 '따릉이'를 훔치는 방법을 공유하고, 훔친 '따릉이'를 지하 주차장이나 골목에 숨겨두고 개인 자전거처럼 이용하기도 합니다.

도난의 피의자 대부분이 청소년이라는 사실이 너무 안타깝습니다. 이러한 잘못된 영웅 심리는 어디에서 기인하고 있는 것일까요? 단순히 도덕성이 해이해져서일까요? 사회구조적 문제로 봐야 할까요? 어떤 행동이 옳고 그른지에 대한 기준이 사라지고 있는 청소년들. 그런데 우리 아이는 이런 문제에서 과연 안전할까요?

아이가 집에서 보이는 모습과 학교에서의 모습은 같지만 또 다릅니다. 아이 내면의 모습이 어느 장소에서는 드러나지만 어느 장소에서는 드러나지 않기 때문입니다. 장소마다 바뀌는 아이들의 모습이 있습니다. 그러나 결국은 다 같은 아이입니다. 관심받고 사랑받고 싶은 표현입니다.

간혹 이런 학생들의 문제를 가지고 상담을 하다보면 부모님의 태도에 깜짝 놀랄 때가 있습니다. 행동은 문제가 되지만 학과성적을 잘 따라가고 있으니 안심이라는 것입니다. 과연 이게 안심할 일일까요?

성적은 언제든지 변합니다. 성적은 결코 고정불변이 아닙니다. 초등 시절의 학과 점수가 그 학생의 모든 성장을 말해주지 않습니다.

진짜 중요한 것이 무엇인지 모르는 부모님이십니다. 이 학생에게 긴급하게 필요한 것이 무엇인지, 부모로서 무엇을 도와야 할지 고민해봐야 합니다.

시간여행자, 감정

감정이 시간여행을 한다는 걸 아시나요? 감정은 과거와 현재, 미래를 넘나들고 있습니다. 어릴 때 혼자 외롭게 지냈다면 성장해서도 쉽게 외로움에 빠질 수 있다고 합니다. 또 사람들에게 억울하게 당하거나 불신의 경험이 있는 사람은 다른 사람의 의도를 왜곡하거나 부정적으로 오해하기도 쉬워집니다. 오래전 감정이 불쑥 찾아오기 때문입니다.

시간여행을 하는 감정의 대표적인 예로 전쟁의 역사를 이야기합니다. 전쟁의 공포, 두려움, 슬픔, 고통과 같은 감정이 밖으로 표출되지 못하고 고스란히 남아 억압된 감정으로 후대의 사람들에게 유전적으로 이동한다고도 합니다. 이것이 인류가 가지는 집단적인 무의식의 감정들이라면, 현재 내가 가지고 있는 감정은 정말 진짜 감정일까요?

슬픈 영화를 볼 때는 슬프고 우울한 감정을 느낄 수 있지만 시간이 지나 즐거운 일이 생기면 또 금세 우리의 기분은 좋아집니다. 이것이 현재를 살아가는 순간의 감정인 것이지요. 그러나 시간여행을 통해서 찾아온 감정은 자꾸만 반복하면서 재생산되어, 특히 부정적 감정을 많이 만듭니다.

시간여행을 따라온 부정적인 감정은 시간이 지나도, 상황이 바뀌어도 변화하지 않으려고 저항하는 경향이 큽니다. 우리 곁에 찰싹 달라붙어서 마치 나인 것처럼 느끼지도 못하게 하고 있습니다. 그래서 우리는 지금의 감정과 오래된 묵은 감정, 가짜 감정을 구분하기가 어렵습니다.

지금 발생한 현재의 감정과 시간여행을 통해 만들어진 묵은 감정인 가짜 감정은 어떻게 분리할 수 있을까요? 감정은 우리 삶의 질을 측정하는 데 결정적 역할을 합니다. 불편하고 불쾌한 감정이 지속적이면 삶 자체가 행복하지 않습니다. 이러한 감정을 빨리 해소시키고 밝고 긍정적인 자세로 나아갈 도구가 필요합니다.

운동, 명상, 기도, 상담 등 다양한 방법을 통해 우리의 감정을 진짜와 가짜로 분리할 수 있습니다. 여기서 제시하는 것은 삶의 마법도구, 감사일기입니다.

감사일기는 언제 어디서나, 내가 원하기만 하면 쓸 수 있습니다. 이것은 쓰기의 형식을 빌려서 자신의 감정을 바라볼 수 있도록 도움을 줍니다.

자세하게 현 상황을 써내려 가다보면 어느새 현재의 감정과 묵은 감정, 즉 가짜 감정을 판별해줍니다. 우리는 어떤 말과 어떤 태도로 감정을 표출할 것인가가 살아가면서 정말 중요해집니다.

그러면 여기서 질문. 감사일기로 감정을 알아차리기만 하면 문제가 해결되는 것일까요? 감사일기를 통해 내 안의 소중한 친구의 감정, 진짜 감정을 알아차린다고 해서 모든 욕구가 해소되는 것도 아닌데 말입니다.

일단 감사일기를 쓰다보면 솟구쳤던 감정은 어느 정도 가라앉습니다. 그리고 해결점을 찾아 나서게 됩니다. 욕구를 억누르는 것이 아니라 올바른 해결점을 찾을 수 있도록 해줍니다. 감사일기는 감정과 욕구 사이를 잘 조정하도록 도와주는 좋은 도구입니다.

욕구는 나쁜 것 vs. 좋은 것

"욕구는 나쁜 말인 줄만 알았는데 좋은 말도 된다는 걸 이제 알았어요."

이 말 역시 수업시간에 나온 말입니다. 학생은 욕구를 왜 나쁜 것이라고 생각했을까요? '슬프다. 분하다. 억울하다, 속상하다' 등의 부정적 감정이 일어나는 자체가 나쁘다고 느낀 것처럼, 욕구라는 것도 나쁜 뜻으로 받아들이게 되었을지도 모릅니다. 12년의 인생을 살아오면서 그 아이에게 욕구는 어떤 의미였기에 그런 부정적인 의미로 받아들이게 되었는지 마음이 아프기도 했습니다.

'무엇을 얻거나 무슨 일을 하고자 바라는 일', 이것이 욕구의 사전적 의미입니다. 이와 비슷한 말로 욕망, 욕심이 있습니다. 부족함을 느껴 무엇을 가지거나 누리고자 탐하는 마음이 '욕망'입니다. 또 '욕심'은 분수에 넘치게 무엇을 탐내거나 누리고자 하는 마음입니다.

인간에게는 많은 욕구가 있습니다. 아이들이 욕구를 무조건 나쁘다고 생각하게 해서는 안 됩니다. 실제로 인간이 살아가는 데 원동력이 되는 것이 바로 이 욕구입니다. 욕구는 인간이 가지는 본성인데, 이것을 거스르게 되면 삶이 행복해지기 어려워집니다.

"아이들의 욕구를 매번 충족시켜줘야 하나요? 새 휴대전화를 사고 싶다, 게임하고 싶다, 놀고 싶다, 학원 가기 싫다, 공부하기 싫다, 텔레비전 보고 싶다 등 아이들의 이런 욕구가 정당한 건가요?"

초중등 자녀를 둔 부모라면, 바로 이런 질문을 던질 겁니다. 이 모든 것이 충족된다고 아이들의 삶이 행복해지는 것은 아니라고 생각하기 때문이겠지요. 맞습니다. 이것을 충족시켜준다고 욕구가 충족되었다고 보기는 어렵습니다. 아이들의 현재 행복만이 아니라 미래 행복을 생각하다보니 부모로서 아이들의 욕구를 어떻게 해소해줘야 할지 고민을 하게 됩니다.

이 질문을 자세히 살펴보면 아이들의 욕구와 부모님의 욕구가 충돌되는 것을 알 수 있습니다. 부모님은 자녀가 '건강하기만 하면 된다'고 하지만 실제 마음 깊은 곳에서는 학업이나 친구관계 등 모든 것에서 출중하기를 바라는 욕구를 가지고 있습니다.

부모들의 마음은 모두 똑같습니다. 이러한 자신의 욕구와 반대되는 자녀의 욕구는 부정적으로 느껴집니다.

그러다보니 자신도 모르게 아이의 가슴속에 화남, 슬픔, 무기력 등의 부정적 감정이 자리잡게 되고, 그것을 표출하는 방식이 서로에게 불편하게 됩니다. 그러면서 또 서로 감정의 골이 깊어지는 악순환을 만들어냅니다. 부모님의 욕구와 자녀의 욕구가 충돌하는 것이 아니라도 부모님은 다양한 불안요소를 안게 됩니다.

매슬로우의 욕구 5단계 이론

　매슬로우는 사람에게 5가지의 욕구가 있다는 이론을 제시합니다. 생리적 욕구, 안전 욕구, 소속과 애정의 욕구, 존경 욕구, 자아실현의 욕구까지 욕구의 5단계설을 주장합니다. 하위계층의 욕구가 어느 정도 충족되어야 상위계층의 욕구가 나타난다는 것입니다.

　당신은 자녀의 욕구를 어느 단계까지 충족시켜주고 있나요? "자녀의 욕구를 부모가 충족시켜줘야 하나요?"라고 물어보실 수도 있습니다. 생리적 욕구부터 시작해 자아실현의 욕구가 고

루 잘 나타나고 충족될 수 있도록 도와주는 것이 바로 부모의 역할입니다.

매슬로우에 따르면 어떤 욕구는 다른 욕구보다 우선권을 가지고, 위계적 계층으로 존재한다기보다 상대적으로 나타난다고 합니다. 피라미드의 하단에 위치한 4개 층은 가장 근본적이고 핵심적인 욕구입니다. 이 4가지 욕구는 충분히 충족되지 않거나 부족할 경우 문제가 발생할 수 있다고 해 '결핍 욕구'라고도 합니다.

부모들은 자녀의 모든 욕구를 충족시켜주고 싶어 합니다. 모든 것을 해주고 싶은 것이 부모의 마음입니다. 그렇지만 모든 것을 그냥 준다고 해서 욕구충족이 이루어졌다고 보기는 어렵습니다.

그렇다면 우리는 어떤 방식으로 아이들의 욕구를 충족시켜줘야 할까요? 그 해답을 '감사함'에서 찾고자 합니다. 앞서 말한 것처럼 욕구는 한 개인의 내면에서도 충돌이 일어나고, 타인과의 관계에서도 충돌이 일어납니다. 이것은 결핍을 일으키는 요인이 됩니다. 이 욕구들을 조화롭게 만들어주는 것이 바로 '감사함'입니다. 욕구가 충족되는 필요조건이 '감사함'입니다.

1. 하루의 감사한 일 릴레이 대화

   잠자리에 들기 전, 부모님이 하루 동안 감사한 일을 먼저 하나 이야기하고 그 다음은 자녀가 이야기하도록 합니다.

2. 주제별 감사함 인간관계에 감사하기
   - 나에게 영향을 준 친구를 찾아 감사합니다.
     - 현재의 친구, 지나온 시간 속의 친구, 나에게 깨달음을 주는 친구, 현재 혹은 과거에 나와 사이가 좋지 않은 친구, 현재 혹은 과거에 나를 괴롭힌 친구 등
   - 사회생활 속에서 만나는 모든 사람들에게 감사합시다.

3. 감사일기 사람 마음을 편하게 해주는 재희님 덕분에 독서모임에 나가는 것이 정말 즐겁습니다. 재희님이 소개해준 독서토론 동아리에서 많은 배움을 얻습니다. 고맙습니다. 감사합니다.

감사함으로 만드는
행복한 기억자아

행복은 '무엇을' 기억하는가가 아니라
'어떻게' 기억하는가에 달려 있습니다.

기억자아와 경험자아

"초등학교 수학여행 때 우리 급류타기 놀이기구 정말 재미있어 했잖아?"

"난 급류타기 놀이기구 타는 거 좋아하지 않아."

"정말? 그때 네가 급류타기 놀이기구를 좋아한다고 해서 우리가 여러 번 탔었는데. 10번은 탔었을걸."

"내가 급류타기를 좋아했었어? 급류타기하고 난 뒤에 옷이 완전히 다 젖어서 하루 종일 몸도 축축하고 기분도 축축해서 그 뒤로는 안 탔어."

"아, 그때 옷이 많이 젖었었구나. 네가 맨 앞에 타서 옷이 많이 젖었나보다."

성인이 된 두 친구는 초등학교 시절에 함께 공유했던 추억을 꺼내어 이야기합니다. 그런데 경험한 상황은 같은데 기억하고 있는 것은 서로 조금씩 다릅니다. 추억에 대한 감정도 다릅니다.

맨 앞자리에 탔을 정도면 급류타기 놀이기구를 타는 동안 두 친구 모두 분명 즐거웠을 겁니다. 그런데 한 친구는 놀이에 대한 즐거움보다 마지막에 자신이 젖은 옷으로 불편했던 기억이 더 선명해 놀이에 대한 즐거움이 상쇄된 것입니다.

이렇듯 우리들은 모두 같은 경험을 했다고 해서 같은 기억을 갖고 있지는 않습니다. 우리의 기억은 어떤 방식으로 저장이 될까요?

심리학자 대니얼 커너먼Daniel Kahneman은 우리에게 2개의 자아가 있다고 말합니다. 경험자아와 기억자아가 그것입니다. 경험자아는 시간이 지나면 기억자아로만 남는답니다. 경험한 것이 A라는 것으로 해석되어 있지만 시간이 흐르면 왜곡되어 B나 C로 해석되어 기억된다는 겁니다. 경험한 것이 기억으로 남는 일은 아주 절정에 이르렀던 순간과 마지막에 일어난 것에 의해 강력한 영향을 받는다고 합니다.

경험과 경험의 기억 사이에서 혼동이 일어나는 것, 이것은 인지적 착각입니다. 이러한 혼동으로 경험자아가 제 목소리를 내지 못하고 기억자아는 우리의 삶을 지배하고 결정을 내려버립니다.

기억자아에 의해 만들어진 과거 경험이 미래 삶의 질을 바꿉니다. 진짜 경험의 양보다 순간 만들어진 기억자아에 의해서 의사결정이 일어나기 때문입니다. 취향과 결정은 기억이 만들어내는 것이지만, 그 기억이 틀릴 수도 있다는 것을 인정해야 합니다.

기억하고 싶은 것만 기억하는 우리

똑같은 상황에서 똑같은 경험을 했어도 서로 다르게 기억을 합니다. 그래서 우리는 "기억하고 싶은 것만 기억한다"라는 말을 하곤 합니다. 경험자아보다 기억자아가 우리 삶을 지배한다는 것을 단적으로 알려주는 말입니다.

화가 났든지, 고통스럽든지, 즐거웠든지 간에 그 경험의 절정과 마지막이 기억자아를 지배한다면 이것을 이용해 우리의 삶을 좀더 행복하고 주도적으로 바꿀 수 있습니다.

자녀들에게 어떤 기억자아를 만들어주고 싶은가요? 모든 부모님은 자녀의 유년시절이 행복하고 따스하길 바랄 겁니다. 실제로 유년시절을 행복하게 기억하고 정서적으로 따스했다고 생각하는 이들이 더 긍정적이고 회복탄력성도 좋다고 합니다. 우리의 기억자아를 행복하게 만드는 일이 중요합니다.

평생의 행복을 만드는 기억자아

> 강나루 건너서 밀밭 길을
> 구름에 달 가듯이 가는 나그네

박목월 시인의 '나그네'라는 시의 첫 소절입니다. 박목월 시인에 관한 이야기를 하려는 것이 아니라 그의 아내, 즉 박동규 시인의 어머니에 관한 일화를 이야기해보려 합니다.

한국전쟁 당시 피난길에 재워주는 곳도 없고, 먹을거리도 없어 동규 어머니는 할 수 없이 무겁게 지고 왔던 재봉틀을 쌀로 바꿔 오셨다고 합니다. 소년 동규가 피난길에 쌀자루를 짊어지고 가고, 동규 어머니는 어린 동생과 짐보따리를 지고 뒤따라갑니다. 산길에서 만난 청년이 동규가 너무 힘들어 보인다며 쌀자루를 대신 짊어져줍니다.

동규가 너무 고마워하면서 따라가는데 청년의 발걸음이 점점 빨라집니다. 아저씨를 따라잡으려니 뒤따라오는 것이 늦는 어머니를 놓치게 될 것 같았습니다. "아저씨, 여기에 쌀을 내려 주세요. 어머니를 기다려야 해요"라고 했지만 야속하게도 청년은 그 말은 들은 체도 안 하고 멀리 가버립니다.

청년을 따라가자니 어머니를 잃을 것 같고 그냥 여기 있자니 쌀을 잃어버릴 것 같아 어쩌지 못하고 "아저씨!" 하고 부르고, 뒤로는 "어머니!" 하고 불러보는데 아무도 대답이 없습니다. 어쩔 줄 모르고 울고 있는데 한참이 지나서 어머니가 동생들을 데리고 오십니다.

"쌀은 어디에 있니?" 어머니의 물음에 그간의 자초지종을 설명했다고 합니다. 순간 어머니의 얼굴이 창백해지셨습니다. 어머니는 뭐라고 하셨을까요? 여러분이라면 이 상황에서 자녀에게 뭐라고 말했을까요?

박동규 시인이 경험한 일은 자신이 잘못해서 귀하고 중요한 쌀자루를 잃어버렸다는 것입니다. 스스로를 자책할 수밖에 없는 경험입니다. 그런데 어머님은 "내 아들이 영리하고 똑똑해서 애미를 잃지 않았네!" 하며 우셨다고 합니다.

박동규 시인의 어머니는 난리 통에 가족이 먹을 식량을 다 잃어버린 아들이 아니라, 어미를 잃지 않은 아들을 보고 있습니다. 아들을 잃지 않고 식량을 잃어서 얼마나 다행하고 감사한 일입니까?

"바보처럼 보일 수도 있었던 나를 끝없이 똑똑하고 영리하다고 칭찬해주시던 어머니의 말 한마디가 지금까지 내 삶을 지배하고 있는 정신적 지주가 되고 있습니다."

어머님의 이 한마디에 박동규 시인은 귀하디 귀한 쌀자루를 잃어버린 몹쓸 인간이 아니라 영리하고 똑똑해서 애미를 잃지 않은 사람이 된 것이지요.

자녀를 교육함에 있어 박동규 시인의 어머니이신 유익순 여사처럼 관점을 달리해 볼 수 있어야 합니다. 슬픈 경험자아를 마지막의 순간에 소중하고 행복한 기억자아로 바꾸는 일은 정말 중요합니다. 시선을 달리해서 행복하고 똑똑한 사람으로 돌려놓는 것이 바로 우리 부모가 해야 할 일입니다. 그 힘이 박동규 시인이 열심히 공부할 수 있는 원동력이 되었다고 합니다.

몇 년을 살았느냐가 중요한 것이 아닙니다. 그 시간 속에서 어떤 추억을 만들어냈는가가 우리의 인생을 결정합니다. 결국 어떻게 기억하느냐에 따라 우리의 삶은 변화됩니다.

감사함으로 바라보면 기억자아를 행복하게 만드는 관점을 찾을 수 있습니다. 쌀자루가 아니라 아들을 바라보게 만들어주는 힘입니다.

How to size up 8

1. **하루의 감사한 일** 릴레이 대화

   잠자리에 들기 전, 부모님이 하루 동안 감사한 일을 먼저 하나 이야기하고 그 다음은 자녀가 이야기하도록 합니다.

2. **주제별 감사함** 이웃에 감사하기

   - 내가 만나는 모든 이웃에게 감사합시다.
   - 감사할 이웃이 없다면 지금부터 만듭시다.
   - 이웃이 전해주는 아주 작은 친절에도 감사함을 찾아봅시다.
   - 더불어 사는 사회에서 내가 이웃에게 도움이 될 수 있음에 감사합시다.
   - 내 삶의 터전 속에 늘 함께하는 이들임을 인식하고 감사합시다.

3. **감사일기** 엘리베이터가 닫힐 때 내가 달려오는 것을 보고 14층 이웃님께서 열림 버튼을 누르고 기다려 주십니다. 덕분에 기다리지 않고 곧장 올라갑니다. 고맙습니다. 감사합니다. 고맙습니다.

시간을 복리로
돌려주는 감사일기

감사일기는 끊임없이 행복한 에너지를 공급해줌으로써
시간의 복리로 성장과 행복을 돌려줍니다.

시간은 금

시간은 누구에게나 공평합니다. 그런데 정말 진실일까요?

영화 〈인 타임〉에서는 시간을 사고팝니다. 커피 1잔은 4분, 권총 1자루는 3년, 스포츠카 1대는 59년. 이런 식으로 시간을 돈처럼 쓰는 사회입니다. 인간은 누구나 25세가 되면 노화를 멈추고 팔뚝에 새겨진 '카운트 바디시계'에 1년의 유예시간을 얻습니다. 그 시계가 0이 되면 심장마비로 죽음을 맞이합니다. 주어진 1년 동안 시간을 연장시켜야 목숨을 연장할 수 있는 것입니다.

가난한 이들은 노동으로 하루하루 시간을 연장하면서 살아가거나, 빌리거나, 그도 아니면 훔쳐야만 살 수 있습니다. 반면에 부자들은 영생을 누릴 만큼의 시간을 소유하고, 이것을 몇 세대까지 걸쳐 나눠줄 수 있습니다.

영화 속 세상은 시간이 돈이고, 돈이 시간인 세상입니다. 시간이 사람의 삶의 질과 목숨을 좌지우지합니다. 살고 싶다면 시간을 가져야만 합니다. 이 세상에서 시간은 정말 공평한 것일까요?

현실 세계에서는 주어진 시간이 얼마인지 알 수는 없어도, 하루에 24시간이 주어진다는 것은 공평합니다. 그러나 24시간을 어떻게 이용하는가에 대해서는 서로 다를 수밖에 없습니다. 돈이 없는 사람은 시간을 생리적 욕구나 안정의 욕구를 충족하기 위해, 한마디로 먹고 살기 위해서 시간을 사용합니다. 반면에 돈이 있는 사람은 돈이 돈을 벌고, 여유롭게 자신의 자아실현을 위해 더 많은 노력을 기울일 수 있게 됩니다.

이렇다면 영화 속 세상과 별반 달라 보이지 않습니다. 단지 '카운트 바디시계'가 없을 뿐, 어쩌면 현실의 삶도 그와 마찬가지가 아닐까 하는 생각에 씁쓸해집니다.

주어진 시간의 당연함을 감사함으로

우리에게 주어진 시간은 당연한 것일까요? 앞에서 당연하게 생각하는 것을 감사하게 생각하는 연습이 필요하다는 이야기를 했습니다. 혹시 이 '시간' 또한 너무도 당연하게 받아들이고 있지는 않은가요?

우리가 시간의 가치를 생각하지 못하고 사는 것은 '시간'이라는 것이 마치 숨 쉬는 공기와 같기 때문일 겁니다. 우리의 삶에서 가장 우선적으로 매 순간 감사해야 하는 것이 있다면, 공기입니다. 왜냐고요? 당장 5분만 없어도 우린 죽음을 맞이해야 하니까요. 지금 숨을 쉬고 있다는 것에 감사해야 하는 것처럼, 그 다음은 삶이 주어진 시간에 감사해야 합니다.

시간에 대한 감사함을 가져보신 적이 있나요? 저는 시간에 대한 감사함을 공기 다음으로 많이 표현합니다.

첫 번째는 영화 속에서처럼 카운트가 0이 되지 않고 아침을 맞이하게 되는 매일매일을 감사하게 여깁니다. 무상으로 주어지고 있는 이 하루를 어찌 선물이라고 하지 않을 수 있겠습니까? 이 시간에 부정적인 감정의 수렁에 빠져 있을지, 내 삶에 기적을 선물해줄지는 결국 나 자신이 시간을 어떻게 사용하는가에 딸린 문제입니다. 저는 매일 아침 눈을 뜨며 "오늘도 행운

가득한 하루를 시작하게 되어 감사합니다"라고 말합니다.

두 번째는 누군가가 나에게 물리적 시간을 제공해줄 때입니다. 이것이야말로 외적 보상, 진정한 이익임을 알아야 합니다. 시간은 돈이니까요. 그런데 아이러니하게도 우리는 감사함을 눈에 보이는 것에서만 찾으려는 경향이 있습니다. 눈에 보이지 않는 것이 더 소중한 법입니다.

식사를 하고 아내 또는 남편이 설거지를 하면 우리는 감사하다고 생각합니다. 감사한 이유는 무엇일까요? 나의 노동력을 제공하지 않아도 깨끗함이 유지되기 때문에 감사한 것이죠. 그러면서 동시에 나에게 다른 일을 할 수 있는 물리적 시간을 제공해주기 때문입니다. 두 사람이 다 하지 않는다면 누군가에게 돈을 주고 그 일을 대신 의뢰해야 합니다. 그 사람의 시간을 사고 내 시간을 가지는 것입니다. 결국 우리는 시간을 돈으로 사고 주고받는 것입니다.

그러니 누군가가 자발적으로 나에게 도움을 준다면 정말로 감사해야만 합니다. 그래서 돈을 빌린 것처럼 감사함을 가지고 어떠한 방법이 되든지 돌려주려는 노력을 해야 합니다. 되돌려주는 노력 없이는 감사의 행운을 받기가 어렵습니다.

우리가 누군가를 위해 도움을 주고 물리적 시간을 제공해주었는데 상대가 감사한 마음을 표현하지 않으면 억울함 감정이

들기도 합니다. 그래서 호구가 된 느낌을 가질 수 있습니다. 시간이 돈이기 때문에 그러한 느낌이 드는 것입니다. 시간을 주고받을 때는 생각을 달리해야 합니다. 누군가가 나에게 시간을 제공해줄 때는 감사함으로 물질적 보상을 해줘야 합니다.

내가 누군가를 위해 시간과 노력을 제공할 때는 주는 것에 무조건 만족해야 합니다. 돈을 가진 자가 타인에게 기부하는 것처럼 즐겁고 행복한 마음으로 줘야 합니다.

아프리카의 내란으로 고통받는 어린이에게 생명수를 기부할 때 상대가 나에게 돌려줄 것을 기대하면서 하지는 않습니다. 줄 때는 호의를 베푸는 마음으로 하면 좋습니다. 호의나 기부는 내가 해줘야 할 곳이라면, 또 내가 할 수 있는 것이라면 기분 좋게 해주면 됩니다. 왜냐하면 세상은 내가 감사하다고 생각할 때만 그것을 돌려주기 때문입니다. 결국 나에게도 시간의 형태로든, 돈의 형태로든 다시 옵니다.

시간을 창조하고 소비하는 법

시간은 실제 공기처럼 우리의 삶을 지배하고 있습니다. 또한 시간이 돈처럼 우리 삶을 지배합니다.

사람들은 '돈을 어떻게 벌고 어떻게 사용할 것인가'를 고민합니다. 돈에 대한 생각 중 버는 것이 먼저일까요? 사용처가 먼저일까요? 무엇이 우선되어야 한다고 생각하십니까?

여기에 대한 해답은 시간을 살펴보면 알 수 있습니다. 시간이 곧 돈이고, 돈이 곧 시간이니, 결론이 같아질 수도 있을 것 같습니다.

현실 세계에서 시간은 흘러가는 것, 그러니까 소비되고 있는 상태입니다. 어쩌면 수입은 없고 지출만 존재하는 것이지요. 돈은 수입이 생겨 되돌아올 수도 있지만 시간은 되돌아오지 않습니다. 그래서 '시간을 어떻게 소비하는가?' 시간의 사용처가 더 중요하게 되었습니다. 오늘 주어진 시간을 어디에 사용하고 싶으신가요?

시간은 되돌아올 수 없기 때문에 많은 이들이 '행복'이라는 것에 초점을 두고 돈 버는 데만 급급하지 말라고들 합니다. 자본주의 시스템에서 돈을 버는 데만 평생을 갖다 바치면 남는 것은 아무것도 없다는 이야기를 하기도 합니다.

어떤 이는 돈은 있는데 시간이 없고, 어떤 이는 시간이 있는데 돈이 없다고 합니다. 우리 삶의 질을 향상시키고 누리려면 시간과 돈이 모두 필요합니다.

시간을 어디에 사용할 것인가? 결국 이것이 문제입니다. 시간을 어떻게 소비했는가에 따라 우리의 미래가 달라집니다. 그러나 아이러니하게도 같은 시간, 같은 형태로 시간을 소비했음에도 불구하고 성과나 행복의 값은 달라져 있습니다.

아주 간단하게 자녀의 학원 시스템을 보겠습니다. 똑같은 학원 스케줄, 똑같은 수업내용, 똑같은 학습지를 제공받았다고 해도 아이들마다 그 성적의 결과가 다릅니다. 무엇이 달랐을까요? 물론 유전적으로 달랐다고 말할 수도 있을 겁니다. 그러나 유전자도 중요하지만 그것보다 더 중요한 환경적 요소가 큰 부분을 차지합니다.

외적으로 주어진 동일한 시간이 아닌 다른 시간대의 경험이 차이를 가져옵니다. 잠을 잘 때, 먹을 때, 부모와 대화할 때, 놀 때 등 이러한 요소들이 결국 전체를 변화시킵니다.

사실 어른들도 자신의 시간을 창조하는 법을 잘 모릅니다. 시간을 창조한다고 해서 더 많은 시간 동안 일을 한다는 의미가 아닙니다. 시간을 창조한다는 것은 실제 물리적 시간을 만들어내는 것과 같습니다. 일을 함에도, 쉼에도 자신의 시간을 스스로 유용하게 만들어낼 수 있는 힘입니다.

감사일기는 시간창조자

감사일기를 쓰면서 늘 "바쁘다. 바빠"를 외치던 제 삶에 시간이 마법을 부리기 시작했습니다. 일을 더 많이 하고, 쉼도 더 잘 쉬고, 어느새 모든 일들이 다 이루어지는 시간의 마법을 만나게 되었습니다. 시간을 바라보는 시각이 바뀌었기 때문입니다.

나에게 주어진 시간이 얼마나 소중한지 알게 되니 일에 대한 몰입이 생겼고, 미리 감사를 요청한 일들이기에 순식간에 일들이 완료되어 갔습니다. 쉬고 싶을 때는 쉴 수 있는 여유로움도 만나게 되었습니다. 일을 배분하고 미리 계획하면서 나의 시간을 지배하기 시작했습니다.

일을 너무 많이 해서 시간을 소모하게 되면 우리는 '번아웃' 현상을 만납니다. 일에만 매몰되어 있으면 이러한 현상이 생길 수 있습니다. 어찌 보면 나의 소중한 돈인 시간을 너무 한쪽으로 몰빵해서 써버린 결과입니다. 시간을 의미 없이 써버리는 것은 돈을 그냥 버리는 것과 같습니다.

똑같이 게임을 하고 있다고 하더라도 시간을 느끼고 생활하는 것과 그렇지 않은 것에는 분명한 차이가 생겨납니다. 하나뿐인 인생, 시간을 새로 창조하면서 유익하게 소비할 수 있도록 도와주는 것이 바로 감사일기의 힘입니다.

전문가의 시간, 1만 시간

〈생활의 달인〉이라는 TV 프로그램을 본 적이 있나요? 한 분야에 열정과 노력으로 달인의 경지에 오른 사람들이 주인공입니다. 달인들은 다른 사람들이 일하는 것에 비해 속도, 양, 질 등 모든 것에서 범접할 수 없는 지경입니다.

단순 계산으로 비교하면 초보가 하루에 10개를 겨우 완성한다고 보면, 그분들은 같은 시간에 100개를 완성하는 것입니다. 질적으로 더 우수한 것은 당연합니다. 달인은 이미 초보자에 비해 9일이라는 시간을 더 벌게 된 셈입니다. 10일이 지나면 이미 그 차이는 엄청나게 벌어집니다.

불평등한 세상에 시간조차도 평등하지 않다면 너무 괴롭지 않을까요? 물리적 시간은 이 세상 누구에게나 공평합니다. 이건 사실입니다. 그런데 시간은 모두에게 똑같이 돌려주지 않습니다. 어떤 이의 미래는 겨우 현상유지만 하지만, 어떤 이는 미래가 시간의 복리로 성장하게 됩니다. 시간을 어떻게 활용했는가에 따라, 어떤 삶을 살아왔는가에 따라 전혀 다른 모습을 드러냅니다.

말콤 글래드웰Malcolm Gladwell은 『아웃라이어』에서 한 분야의 전문가가 되기 위해서는 1만 시간의 훈련 시간을 확보하는 게 중요하다는 의미로 '1만 시간의 법칙'이라는 것을 제시했습니다. 어느 한 분야의 전문가가 된 분들은 이미 1만 시간을 노력해서 그 성과를 이루었을 겁니다.

잠시 1만 시간이 어느 정도인지부터 TMI^{too much information}를 해보고자 합니다. 예를 들어 책을 읽는 고수가 되기 위해서 1만 시간을 투자한다면 하루에 몇 시간을 투자해야 하는지 단순히 산술적으로 계산해보죠.

1만 시간을 달성하려면 몇 년 동안 하루에 몇 시간 투자해야 할까?

1년 : 27시간 20분/일	10,000시간 ÷ 365일 ≒ 27.39시간 1일 24시간이니 불가능
2년 : 13시간 40분/일	10,000시간 ÷ (365일×2) ≒ 13.69시간 잠자는 시간과 먹는 시간을 빼면 가능할지도
⋮	
9년 : 3시간/일	10,000시간 ÷ (365일×9) ≒ 3.04시간
10년: 2시간 40분/일	10,000시간 ÷ 10년(365일×10) ≒ 2.73시간

결국 하루에 3시간씩 책을 읽는다고 해도 10년의 세월은 지나야 책 좀 읽었다는 말을 할 수 있게 된다는 것입니다. 1년이라는 단기간에는 무언가를 얻을 수 없다는 뜻입니다. 무엇인가를

지속적이고 꾸준하게 했을 때 이루어지는 성과들이 있습니다.

책을 처음 읽을 때와 1만 시간이 지나서 읽을 때의 내면은 분명히 변해 있을 겁니다. 처음은 책을 읽는 것이 너무 더디게 진행되겠지만 책들은 서로 연결되어 있기 때문에 성장의 속도는 점점 더 빨라집니다.

감사일기 역시 마찬가지입니다. 감사일기를 쓰는 데 1만 시간을 사용할 필요는 없지만, 감사함을 가지고 생활하는 데는 1만 시간이 생각보다 빨리 지나갑니다. 다행히 '감사함'은 책읽기처럼 물리적 시간을 따로 내어서 하는 것이 아니라 일상생활에서 미소 짓고 감사함을 말하면 됩니다. 그리고 그 감사함을 증진시키기 위해서 감사일기를 작성하는 데 하루 10분만 투자하면 충분하지요.

1만 시간의 법칙에서 2년은 13시간 40분을 투자해야 합니다. 우리가 깨어있는 매 순간을 감사하고, 하루 한 번 감사일기를 작성할 수 있다면 2년 만에 삶의 변화를 만날 수 있다는 것입니다. 물론 이것은 단순한 산술적 비교일 뿐이긴 합니다.

'복리復利'라는 말을 들어 보셨을 겁니다. 저축과 투자를 통한 재테크와 관련해 빼놓을 수 없는 것이 '복리'의 위력입니다. 복리란 중복된다는 뜻의 한자어 '복復'과 이자를 의미하는 '리利'가 합쳐진 단어로 말 그대로 이자에 이자가 붙는다는 뜻입니다.

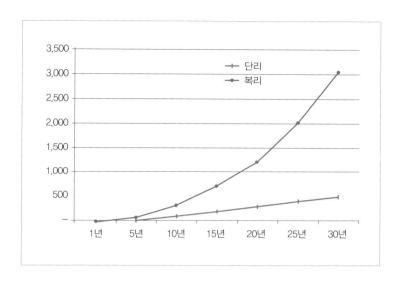

이 그래프는 복리의 이자가 상승하는 방식입니다. 초반에는 변화가 거의 보이지 않지만 어느 일정 시점이 넘어가기 시작하면 이자가 원금을 넘어서는 현상이 나타납니다.

감사일기는 끊임없이 행복한 에너지를 공급해주며 시간의 복리로 성장과 행복을 돌려줍니다. 1만 시간의 법칙도 마찬가지입니다. 증진의 시간이 지나고 나면 갑작스럽게 성장한 자신을 만날 수 있습니다.

그 1만 시간 동안 어떻게 훈련하고 코칭을 받으면서 나아가는가도 중요합니다. 1만 시간을 잘못된 방식으로 연습하며 보낼 수는 없습니다. 엉터리 연습으로 1만 시간을 허비해서는 안 된다는 의미이지요.

감사일기를 지난 10여 년 넘게 매일 쓰다보니 가장 큰 수확이라면 '시간의 달인이 된 것'이라고 표현하고 싶습니다. 나의 시간이 계속 늘어나기 시작했습니다. 하루의 흐름을 따라 감사일기를 작성하다보면 시간을 허투루 보낸 적이 없음을 알게 됩니다. 자신의 시간을 의미 있게 어디에 사용했는가가 너무도 명확하게 기록으로 남기 때문입니다.

시간을 더 소중하게 여기게 되고, 더 많이 감사하게 되니, 시간은 나에게 시간을 다시 되돌려주기 시작하고 그것이 더 늘어나게 되는 현상입니다. 마치 달인이 되면 한 시간에 만들어내는 양이 많아지는 것처럼 저의 삶도 시간을 복리로 돌려받고 있습니다.

시간을 창조하는 감사일기, 한번 시작해보시겠습니까?

How to size up 9

1. **하루의 감사한 일** 릴레이 대화
   잠자리에 들기 전, 부모님이 하루 동안 감사한 일을 먼저 하나 이야기하고 그 다음은 자녀가 이야기하도록 합니다.

2. **주제별 감사함** 시간에 감사하기
   - 시간은 금입니다. 감사합시다.
   - 현대인의 시간은 너무도 빨리 지나갑니다. 해야 할 일도 너무 많습니다. 이것을 다 할 수 있는 것은 시간 덕분임을 알고 감사합시다.
   - 시간을 어떻게 가치 있게 쓰는가에 따라 시간이 늘어나기도 하고 줄어들기도 합니다. 가치 있게 사용하는 자신의 시간에 감사합시다.
   - 창조성과 사고력을 키우는 시간에 감사합시다.
   - 자신의 삶을 새롭게 창조할 수 있는 시간에 감사합시다.

3. **감사일기** 나를 위한 시간을 15분 동안 갖기로 했습니다. 이 소중한 15분 동안 무엇을 할 것인지 생각해보게 되어 감사합니다. 감사합니다. 감사합니다.

행복의 출발점은 나 자신부터

전수형

『한 줄의 기적, 감사일기』를 읽고 감사일기를 쓰고 싶다는 생각이 들어 시작을 했습니다. 쓰긴 썼는데 제대로 쓰고 있는지 몰라 감사일기 특강에 참석해서 코칭도 받았습니다. 손글씨로 쓰던 감사일기를 '나만의 감사일기장 밴드'를 만들어 쓰기 시작했습니다. 밴드로 쓰기 시작하면서 4명이 뭉쳐서 감사일기를 공유하게 되었습니다. 함께한 덕분에 지금까지 매일 한 번도 빠지지 않고 1년 6개월이 넘도록 쓰고 있습니다.

감사일기에 하루에 있었던 내 감정을 솔직히 표현하면서 시원함을 느꼈고 공유하면서 위로받는 느낌이 들었습니다. 나 스스로에게 칭찬도 하고 위로도 하자 속상한 감정들이 오래 머무르지 않았습니다. 예전엔 부부싸움을 하면 제가 절대로 먼저 말하는 법이 없었고 신랑님이 사과할 때까지 버렸습니다. 그러나 이제는 저의 회복탄력성이 좋아지고, 이해도가 넓어지니 제가 먼저 사과도 하고 말을 걸기 시작했습니다.

내가 바뀌니 신랑님도 바뀌기 시작했습니다. 신랑과 아이들은 감사일기에 단골손님이 되길 원했습니다. 일부러 착한 일을 해주기도 하고, 감사일기를 쓰는 엄마를 보며 아이들도 감사일기를 흉내내기도 했습니다. 아이들은 나처럼 꾸준히 쓰지 못했지만 저는 어느 누구에게도 감사일기를 강요하지 않습니다. 그러나 온 가족이 감사함으로 평온함이 찾아오고 있다는 걸 이제는 압니다. 어느새 저는 잘 웃고, 잘 주며, 세상을 긍정적으로 바라보고, '감사합니다'라는 말을 달고 삽니다.

저에게 감사일기 쓰는 시간은 아무에게도 방해받지 않는 시간입니다. 행복의 출발점은 나 자신부터 시작된다는 걸 이제는 너무도 잘 압니다. 저의 진짜 감정을 알려면 그 자리에서 찾아야 합니다. 어떨 땐 서글퍼질 수도, 억울해질 수도 있습니다. 오래전부터 올라온 묵은 감정인지 지금의 감정인지를 찾는 시간이 바로 감사일기로 저를 채우는 시간입니다.

'근묵자흑'이란 사자성어가 떠오릅니다. 감사하는 일상에서 감사하다 보면 감사할 일이 생기고 주변에 감사하는 사람들이 자꾸만 모이기 시작했습니다. 감사함은 좋은 사람, 행복한 사람들을 끌어왔습니다.

좋은 운, 좋은 사람을 부르려면 자기 손으로 직접 감사 글을 써야 합니다. 이미 감사를 글로 쓰고 있음에 참 감사합니다. 고맙습니다. 감사합니다.

감사일기는
행복한 나를 기록하고,
감사한 세상을 기록함으로써
삶에 대한 시선을 변화시킵니다.

그 기록이
나의 삶을, 그리고 누군가의 삶을
더 행복하게
만들어주는 원동력입니다.

시크릿 3

감사마법도구
'감사일기'

감사일기장이
왜 마법도구야?

나 자신을 기록하지만
감사함의 시선과 관점을 기록하게 됩니다.

난중'일기'

'난중일기'는 임진왜란 중에 이순신 장군이 쓴 일기로, 2013년 유네스코 세계기록 유산으로 등재되었습니다. 임진왜란 7년 동안의 상황을 가장 구체적으로 알려주는 일기입니다. 그 당시의 정치, 경제, 사회, 문화, 군사 등 여러 분야의 전반을 살필 수 있는 자료로서의 가치를 지니고 있습니다.

14일 궂은비가 그치지 않고 밤낮으로 내렸다. 아침을 먹은 뒤 대청에 나가 앉았다. 사도 첨사가 와서 흥양 현감이 받아 끌고

간 배가 돛섬에 걸려 부서졌다고 보고하였다. 그래서 대장 최벽과 십선장 도훈도를 잡아다가 곤장을 때렸다. 권동지가 왔다.

15일 궂은비가 그치지 않아서 바로 앞을 분간할 수 없었다. 새 벽 꿈자리가 아주 어지러웠다. 어머니께서 평안하신지 소식을 듣지 못한 지가 벌써 이레나 되어 몹시 마음이 탔다. 아들 해가 잘 돌아가긴 했는지 모르겠다. 아침을 먹은 뒤 나가서 공무 (…).

영웅 이순신 장군의 기록이지만 '일기'라는 말처럼 지극히 개인적인 글들이 씌어져 있습니다. 날씨, 교전상황, 전장의 지형, 서민들의 생활상까지 상세하게 기록되어 있어 그 가치가 높다는 것입니다. 일기를 읽다보면 영웅보다는 한 인간의 모습을 만날 수 있습니다.

만약 전쟁에 관한 상세한 기록이라면 '난중일기'가 아니라 '임진년 전쟁기'라고 했겠지요. 실제로 이순신 장군은 그냥 일기를 썼을 뿐입니다. 후대에 이르러 이순신 장군의 일기 중에 7년 전란 동안에 작성한 일기만을 묶어 편의상 '난중일기'라고 한 것입니다.

23전 23승, 이순신 장군이 세운 기록입니다. 명량해전에서는 12척의 배로 330여 척의 배를 끌고 온 일본과 싸워 승리를 거둡니다. 어린아이와 어른이 싸우는 것도 아닌데 백전백승이 될 수 있을까요? 이순신 장군의 뛰어난 지략, 지형지물의 이용, 애민정신과 전체를 보는 리더로서의 혜안 등이 전승의 기록을 만들어냈다고 생각합니다. 그런데 저는 언제부터인가 이런 생각을 하게 되었습니다.

백전백승의 원동력은 그의 일기

'일기'라는 것은 자신의 삶을 기록하는 것, 비록 짧은 글로 기록되었지만 자신의 감정 변화를 볼 수 있고, 고민하게 되고, 그러다보니 전장의 장수로서, 한 아비로서 백성을 보살피고, 작은 것 하나도 소홀함 없이 하고자 노력하는 자신의 모습을 만나게 되었을 것입니다. 매일 기록하면서 자신이 헤쳐 나가야 할 수많은 싸움과 전쟁이라는 것이 한 번 이겼다고 해서 다음 번에 또 이기라는 법이 없다는 것을 생각했을 겁니다.

처음과 같이 새로 시작해야 하고, 언제나 목숨을 건 절박함 그 자체가 전쟁입니다. 일기를 기도하는 심정으로 기록해 나가지 않았을까 하는 생각도 해봅니다.

기록을 통해 자신과 대화하고, 처음의 마음을 잊지 않으며, 세상을 겸허히 받아들이고, 성찰하고, 또 삶을 기도하는 것. 이

것이 바로 백전백승의 근원적인 힘을 만들어준 것 아닐까요? 결국 '일기'라는 개인의 성찰이 백성을 살리고 나라도 구하는 일의 시작이 되었던 것입니다.

일기의 효과

초등학생의 그림일기, 생활일기는 들어봤어도 감사일기는 못 들어봤다고요? 대한민국의 의무교육을 받은 사람이라면 초등학교 때 일기 쓰는 것을 대부분 경험했을 것입니다. 그림일기부터 시작해 생활일기로 진화해갑니다.

'일기'는 말 그대로 매일매일의 기록이라는 뜻입니다. 그날 경험한 일 중에 가장 중요한 일이나 인상 깊었던 일 하나를 정해 일기를 작성합니다. 그러면서 느낀 점, 배운 것이나 반성할 점, 나아갈 점에 대해서도 작성하게 됩니다. 개인의 삶을 에세이로 쓰는 것이지요.

초등학교 때 일기쓰기는 문자를 습득하는 학습적 효과를 줍니다. 뿐만 아니라 그 문자를 통해 자신의 삶을 표현하며 개인의 정체성 형성에도 도움을 줍니다.

아이들은 자신의 하루 일과를 '기록'이라는 것을 통해 성찰하게 됩니다. 막연하게 생각하고 있던 일이 문자를 통해 명확해집니다. 글로 쓰다보니 앞뒤 상황을 찾아가게 되고, 자신의 행동에 대한 고민도 하게 됩니다.

그런데 이렇게 좋은 효과를 가지고 있는 '일기쓰기'가 학생들에게는 즐거움과 성장의 효과보다 과제라는 괴로움의 기억으로 남아 있는 경우가 허다합니다.

아침에 일어나서 밥 먹고 학교 가서 이러쿵저러쿵 공부하고, 학원 갔다가, 집에 와서 씻고 동생이랑 놀고 저녁 먹고 일기 쓰고 잤다.

일기를 쓰라고 하면 하루 일과를 나열해 작성하는 학생들이 있습니다. 정말 쓸 내용이 생각나지도 않고, 생각하고 싶지도 않아서 '일기'라는 과제를 어쩔 수 없이 한 결과입니다. 이런 일기를 읽을 때는 2가지 생각이 듭니다.

'참 성의도 없다. 이걸 일기라고? 차라리 적지 말지.'

'숙제라고 생각해 한 줄이라도 작성해서 오는 것만으로도 기특하다.'

숙제라는 이름으로 강요된 일기, 선생님이나 부모님께 노출하게 될 일기, 감정을 다 쏟아낼 수 없었던 일기장은 기록은 될

지언정 자신의 감정을 정확하게 쏟아놓고 그것이 삶의 긍정적 효과와 행복한 기억자아로 남아 있도록 하기에는 역부족이었을 겁니다.

그렇다면 일기라는 것이 교육적 효과가 없는 것은 아닐까요? 효과도 없는 것을 학교에서는 왜 과제로 제시하면서까지 교육하려고 했을까요? '일기'라는 것의 효과를 한 번 더 되짚어보겠습니다.

첫째, 하루를 되짚습니다. 하루에 일어난 일을 마치 바둑의 복기처럼 되짚어볼 수 있습니다. 글을 쓰면서 그날의 괴로움이나 슬픔은 산화시키고, 즐거움은 강화시킵니다. 특히 잠자기 전의 글은 반복의 효과에 더해서 잠잘 때 두뇌 깊숙한 곳에서 기억, 잠재의식이란 이름으로 저장됩니다. 정서를 풍부하게 해 정서연료 탱크를 크게 키울 수 있습니다.

둘째, 나를 기록합니다. 글자로, 그림으로, 표 등으로 나를 기록합니다. 일기는 삶의 중심에 내가 있도록 해줍니다. 누군가가 아니라 '나'를 찾는 일입니다. 나의 역사가 되는 것이죠. '난중일기'와 '안네의 일기'도 역시 개인의 역사가 세상을 기록하는 역사가 되었습니다.

셋째, 내가 만들어집니다. 일기에 쓴 글자들은 알게 모르게 나를 형성하는 밑거름이 됩니다. 내가 어떤 말을 쓰고 어떤 글을 썼는가가 결국 나 자신이 되기 때문입니다.

넷째, 나의 역사를 되짚습니다. 과거의 사건, 사람, 상황들이 보관되어 있습니다. 신라를 찾으러 경주에 가듯이 나를 찾으러 일기장을 여행할 수 있게 해줍니다. 그곳에서 나를 찾고 배움을 찾고 과거 나의 삶을 만나게 됩니다.

다섯째, 기록이 과거와 현재 그리고 미래를 함께 만듭니다. 삶은 기억으로 만들어져갑니다. 지나간 기억은 사라지게 마련입니다. 2000년 1월 1일은 사라졌지만 일기장에서는 그날이 살아 움직입니다. 현재를 살지만 과거를 되살리고, 그것을 통해 미래를 살아갑니다.

이외에도 다양한 측면에서 일기의 효능을 찾아볼 수 있습니다. 초등학교 저학년의 경우에는 문자에 친숙하게 해주고, 자기중심적인 생각에서 타인을 생각하게 해주며, 세상을 보는 다양한 시선을 배울 수 있습니다. 학습효과를 증대시키기도 합니다.

그런데 이렇게 좋은 효과를 지닌 일기 쓰는 것을 왜 초등학교 시절에는 숙제라는 이름으로 괴로워하고, 중학생이 되면 멈춰버리는 것일까요? 어떻게 하면 이러한 모든 것을 더 많은 행복을 담으면서 지속할 수 있을까요? 단언컨대 감사일기가 이 모든 것을 가져올 수 있습니다.

감사일기가 마법도구?

"감사일기가 뭐예요?"

"감사일기가 행운을 주는 마법도구라고요?"

생활일기와 감사일기는 일기라는 점에서는 똑같습니다. 개인의 삶을 기록한다는 측면에서는 같지만, 감사일기는 감사함으로 마무리를 한다는 측면에서는 완전히 다릅니다. 그래서 효과도 생활일기와 다를 수밖에 없습니다. 하루를 되짚어보는 점에서는 같지만 감정을 남겨두는 방식이 다릅니다.

감사일기의 효과

- 나를 기록하지만 감사의 시선과 관점을 기록하게 됩니다.
- '감사함'은 오늘의 나, 미래의 나를 만드는 튼튼한 디딤돌이 됩니다.
- 세상의 모든 것에서 감사함을 찾다보면 한쪽 방향이 아니라 360도의 방향으로 세상을 볼 수 있습니다.
- 경험자아를 행복한 기억자아로 만들어갑니다.
- 감사함을 실천하다보면 다른 사람들과의 소통 및 관계형성이 수월해지고 따뜻해집니다.
- 감사함은 배움을 증진시켜줘 스스로 학습하려는 의지를 가져다줍니다.
- 매일의 기록으로 자신을 새롭게 바라보고 성장하는 데 도움이 됩니다.

- 의식의 수준을 끌어올려 평화롭게 만들어줍니다.
- '더 노력해야겠다' '잘못했다'로 끝나는 반성일기가 아니라 어떤 상황에서도 감사함을 찾아 한 걸음 나아가도록 도와줍니다.

'기록은 기억을 지배한다'라는 격언이 있습니다. 우리의 기억을 감사함과 행복한 것으로 만들어주는 감사일기야말로 세상을 향해 나아가는 힘입니다.

이제부터 감사일기가 마법도구일 수밖에 없는 이유와 그 활용법을 낱낱이 알아보도록 하겠습니다. 저의 감사일기가 나라를 구하는 난세의 일기는 아닐지라도, 나 자신의 역사를 통해서 주변 사람들이 함께 행복해질 수 있는 훌륭한 유산이라는 생각을 합니다.

여러분도, 여러분의 자녀도, 모두 행복한 삶을 찾을 수 있도록 도와주는 마법도구를 한번 가져보길 바랍니다.

How to size up 10

1. **하루의 감사한 일** 릴레이 대화

   잠자리에 들기 전, 부모님이 하루 동안 감사한 일을 먼저 하나 이야기하고 그 다음은 자녀가 이야기하도록 합니다.

2. **주제별 감사함** 나의 변화에 감사하기
   - 정신적으로, 육체적으로 변화하고자 하는 자신에게 감사합시다.
   - 매일매일 무엇인가를 실천하려고 하는 자신에게 감사합시다.
   - 조그마한 노력에도 감사합시다.
   - 소통과 겸손함으로 관계를 유지하는 나에게 감사합시다.
   - 먼저 나누고 실천할 수 있는 사람이 됨에 감사합시다.
   - 상대방의 친절에 감사할 줄 알고, 그것을 보답할 수 있는 사람이 되어감에 감사합시다.

3. **감사일기**
   - 감사일기를 100일 동안 써온 나 자신에게 감사합니다. 생각과 행동을 변화하려고 노력하는 나 자신에게 고맙습니다. 감사합니다. 감사합니다.
   - 약속 시간을 어긴 친구들과 다투었습니다. 화가 났지만 좀더 이해해주기로 하고 그럴 수도 있다고 말해주었습니다. 예전과 달리 차분하게 말한 나에게 참 고맙습니다. 멋진 것 같습니다. 고맙습니다. 감사합니다.

자녀의 역사를 만드는 힘,
감사일기

감사일기로 '감사함'을 입력하면,
일상에서 감사함이라는 행운을 돌려받게 됩니다.

문자의 힘

세계 불평등의 원인은 어디서부터 시작되었을까요? 왜 유럽과 동아시아 사람과 북아메리카로 이주한 사람들이 현대 세계의 부와 힘을 독점하고 있는 것일까요? 서울대학교 도서관 10년간 대출 1위 도서라는 명예를 지닌 책 『총, 균, 쇠』에서 제레드 다이아몬드Jared Diamond는 '무기, 병균, 금속'을 이 질문의 답으로 제시합니다.

지리적 조건에 따른 '농사'의 발달이 그 시작이고 농사 덕분에 사회가 집단적으로 모여 살며 가축을 기르고, 결국 문자를 만들어냅니다. 이 문자로 선조들은 시행착오를 기록하기 시작했고, 축적된 기록을 통해서 엄청난 기술발전을 하게 됩니다. 이것이 무기와 금속의 발달에도 중요한 역할을 하게 됩니다. 문자를 갖게 된 자와 문자가 없는 자가 결국 세상을 지배하는 자와 지배받는 자로 나뉘게 되는 것입니다.

그의 결론은 환경적으로 '운이 좋았다'라는 것입니다. 지리적 환경이 좋아서 좋은 결과를 가져온 것이라는 겁니다. 단순히 태어날 때부터 생물학적 차이가 있었던 것이 아니라, 자연이라는 환경과 사회구조적 차이가 부와 힘의 차이로 이어졌다는 겁니다. 한마디로 말하면 '환경 결정론'이라고 할 수 있습니다.

문자를 활용할 수 있는 지금의 시대에 자녀에게 어떤 핵심기술을 남겨두고 싶은가요? 자녀에게 어떤 환경을 만들어주고 싶은가요?

메모의 힘, 기록의 힘

토머스 에디슨Thomas Edison, 이 사람의 이름을 듣는 순간 아마도 '발명왕'이라는 수식어를 떠올리거나 아니면 '전구'를 떠올렸을지도 모릅니다. 에디슨은 1,093가지의 특허로 기네스북에

올랐으니 가히 '발명왕'이라고 불릴 만합니다.

에디슨은 어떻게 이렇게 많은 특허를 낼 수 있었을까요? 그가 정말 천재였기 때문일까요? 그의 끈질긴 노력 때문이었을까요?

저는 에디슨의 '메모'와 '일기'에 초점을 두고 싶습니다. 그는 순간적으로 떠오르는 영감을 놓치지 않기 위해서 메모를 하고, 그것을 다시 일기로 작성해두었습니다. 발명이라는 것이 세상에 없는 것을 만드는 게 아닙니다. 에디슨은 이미 만들어진 것들, 세상에 나와 있는 것들을 좀더 정교화하고 재발명해 보급시킨 인물입니다. 그 중심에는 메모와 일기가 있습니다.

평생 동안 메모한 노트만 3,500권에 달한다고 하니 그 양이 어마어마해 보입니다. 메모 노트는 에디슨의 발명 원동력이 되었을 뿐만 아니라 위기에 빠졌을 때 위기를 벗어나는 큰 힘이 되었습니다. 에디슨이 출자한 철광석 채굴 기업이 파산 직전에 몰렸을 때, 그동안 자신이 작성해둔 메모를 통해서 시멘트 제조업으로 전환할 수 있다는 사실을 알아내고 위기를 넘겼습니다.

『사장의 노트』는 일본에서 '경영의 신' '기업컨설팅의 신'이라고 불리는 하세가와 가즈히로의 메모 노트 중 경영실무 부분을 추려 출간한 책입니다. 하세가와 가즈히로 사장이 살려낸 적자 기업만 2천여 개가 된다고 합니다. 27세부터 적자 회사를 살리는 업무를 맡아서 40년 동안 꾸준히 메모하고 기록한 노트가 무려 200여 권에 달합니다.

2천여 개의 기업을 살릴 수 있었던 것은 메모에만 그치지 않고 그 내용을 분석해 새로운 방법을 찾아 실행했기 때문입니다. 그러다보니 자연스럽게 기획 능력, 분석 능력들이 비약적으로 발전할 수 있었습니다. 기록하고 그것에 자신의 생각을 덧붙이는 습관이 없었다면 불가능한 일이었다고 그는 말합니다.

"발견한 사실과 생각을 메모하는 습관을 통해서 스스로를 단련하고 수많은 지적 재산을 얻었다."

GIGO의 법칙

정약용, 레오나르도 다빈치, 처칠, 링컨, 이순신 등 기록을 통해 위대함을 알렸던 역사적인 인물들입니다. 처음부터 타고난 천재들이 아니었습니다. 오히려 보통보다 못했을 수도 있습니다. 학교에서 쫓겨날 정도였으니까요. 이들은 바로 기록을 통해 얻은 역량으로 역사적 주목을 받았습니다.

기록은 다양한 형태로 이루어질 수 있습니다. 그것이 어떤 형태든 역사적 콘텐츠가 되어 후세에 전해지는 것입니다. 위대한 사람들은 모두 기록하는 습관을 가지고 있다는 말, 이제는 익숙할 겁니다.

메모, 기록도 습관이 필요합니다. 처음부터 할 수 있는 것이 아닙니다. 누군가는 메모를 기억하기 위해서가 아니라 잊어버리기 위해서 한다고 합니다. 우리의 뇌용량은 모든 것을 저장할 수 없습니다. 저장하려고 그 기억만 붙잡고 있다가는 다른 것들이 들어오는 데 방해가 됩니다. 언제든지 자유롭게 들어오고 나갈 수 있도록 도와줘야 합니다.

컴퓨터 시스템과 데이터 상호교환 용어 중에 GIGO라는 것이 있습니다. 유용한 결과를 얻으려면 유용한 입력 값이 있어야 한다는 의미로, GIGO^{garbage-in garbage-out} 법칙은 쓰레기 같은 정보를 입력하면 쓰레기 같은 것밖에 출력되지 않는다는 뜻입니다. GIGO는 제대로 된 정보 입력의 중요성을 이야기하고 있습니다. 무의미한 데이터를 입력하면 프로그램이 올바르다고 해도 잘못되거나 무의미한 결과밖에 출력되지 않습니다.

감사일기를 입력하고 감사로 돌려받기

세상을 향해 욕을 입력하면 세상은 나를 향해 욕을 출력해줄 겁니다. 감사하다고 말하면, 세상도 나에게 감사함을 돌려줄 겁니다. 내가 한 것을 되돌려 받는 것이 GIGO의 법칙입니다. 무엇을 입력할 것인가? 이것이 내 삶에 있어서, 자녀의 삶에 있어서 중요한 원칙입니다.

"고맙습니다"라고 다른 사람들에게 말하고, 내 마음을 굳건하게 하고 싶어도 입 밖으로 나오지 않고, 무엇이 감사한지도 느끼지 못하는데 어떻게 세상으로부터 행운을 돌려받을 수 있겠습니까?

이 모든 것이 연습되지 않고는 이루어지지 않습니다. 감사함을 표출하고 감사함을 받아들이는 것도 모두 연습의 결과입니다. "고마워"라는 말에 노출된 아이들은 자연스럽게 감사함을 말하기 쉽습니다. 실제 감사함을 느끼지 못해서 말하지 못하는 경우와 감사함을 알지만 입 밖으로 내는 연습이 부족해 속으로만 삼키고 있는 경우도 많습니다.

그러나 우리는 알고 있습니다. 입 밖으로 "고맙습니다"를 꺼내고 행운을 담은 미소를 지을 때만이 세상으로부터 행운과 감사함을 돌려받게 된다는 것을 말입니다.

감사함을 연습할 최강의 도구, 우리 인생을 바꿔줄 만능 마법도구, 그것이 바로 감사일기입니다.

감사함을 담은 시간의 기록, 그 기록은 입 밖으로 사라져버렸을 감사함을 붙잡아두고 우리 삶으로 되돌려줍니다. 이것이 바

로 감사일기의 힘입니다. 이렇게 감사를 매일 써내려가다보면
어느새 내면에 감사함이 충만하게 되고, 입으로 감사를 말하게
됩니다.

How to size up 11

1. **하루의 감사한 일** 릴레이 대화
   잠자리에 들기 전, 부모님이 하루 동안 감사한 일을 먼저 하나 이야기하고 그
   다음은 자녀가 이야기하도록 합니다.

2. **주제별 감사함** 자기 자신에 감사하기
   - 신체의 모든 부분에 대해 감사합시다.
     - 머리(두뇌), 심장, 폐, 뼈, 팔, 다리, 허리, 손, 발, 손가락, 발가락, 피부, 눈,
       코, 입, 귀, 눈썹, 손톱, 발톱 등
   - 나의 오감에 감사합시다.
     - 시각, 청각, 촉각, 미각, 후각

3. **감사일기** 장을 보러 갔습니다. 물건들을 너무 많이 샀더니 들고 오기가 힘들
   었습니다. 그래도 나에게는 튼튼한 팔과 다리가 있어서 무사히 잘 들고 왔습
   니다. 수고해준 내 몸에 감사합니다. 감사합니다. 감사합니다.

감사일기장
만들기

감사함을 담은 단 한 줄이라도 좋습니다.
그러다보면 어느새 기적을 만나게 될 것입니다.

자신만의 온라인 감사일기장 밴드 만들기

"감사일기 쓰려고 해도 밤에는 피곤해서 그냥 잠들어버려요."
"바쁜 날은 감사일기를 안 쓰게 되더라고요."

일기를 과제로 작성할 때는 어쩔 수 없이 쓰게 되지만, 강제성이 없는 감사일기를 매일매일 작성한다는 것이 어려울 수도 있습니다. 하지만 방법을 조금만 바꾸면 좀더 편리하게 작성할 수 있습니다. 감사일기에서 가장 중요한 것은 한 줄을 쓰더라도 매일 빠지지 않고 지속적으로 작성하는 것입니다. 쓰기에 쉬운 방법을 선택하는 것이 중요합니다.

감사일기를 작성하는 법은 다양합니다. 노트에 펜으로 작성할 수도 있고, 컴퓨터의 문서 편집 프로그램을 이용할 수도 있습니다. 온라인 세상의 다양한 SNS를 활용할 수도 있습니다. 이러한 다양한 방법 중 자신에게 적합한 것을 선택해 감사일기를 쓰면 됩니다. 지속성과 편리성을 발휘할 수 있다면 어떤 방법이든지 좋은 방법이라고 할 수 있습니다.

여기에서 소개하는 것은 네이버 '밴드^{BAND}' 활용법입니다. 밴드는 원래 비슷한 취향을 가진 여러 사람을 묶어주는 온라인 공간입니다. 그런데 이것을 개인 감사일기장으로 만들어보도록 하겠습니다.

네이버 밴드를 감사일기장으로 추천하는 이유는 대략 3가지입니다. 이와 비슷한 적합한 앱이 있다면 그것을 사용하는 것도 좋겠습니다.

첫째, 밴드의 경우 온라인상에서 공개·비공개를 선택해 만들 수 있습니다. 감사일기장의 경우 비공개를 선택해 만드는 것을 원칙으로 합니다. 비공개여야 감사일기장에 자신의 감정을 솔직하게 드러내어 작성할 수 있습니다. 화가 난 일이 있다면 욕을 써서라도 자신의 감정을 솔직하게 표현할 수 있습니다. 작성하다보면 현재의 진짜 감정인지, 시간여행을 통해 온 가짜 감정인지를 알 수 있게 됩니다.

밴드로 감사일기장 만들기

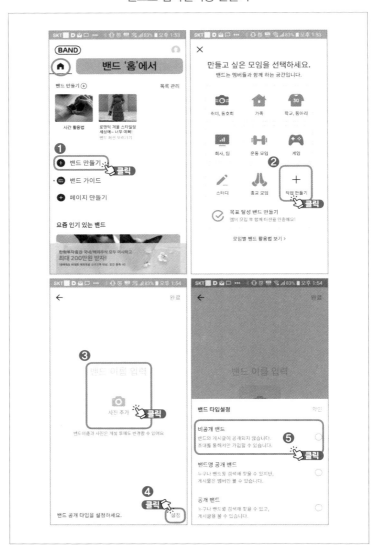

이렇게 비공개가 되어야 자신의 내면을 솔직하게 바라보고 세상을 향해 나아갈 수 있습니다. 개인 감사일기장 밴드는 여러 사람을 초대하는 것이 아니라 오로지 자신만을 위한 공간입니다. 이 밴드는 1인 밴드로 다른 사람을 초대하지 않는 자신만의 일기장으로 유지하는 것이 중요합니다.

둘째, 공유가 쉽습니다. 개인 감사일기장에 작성한 글을 가족 감사일기 밴드나 지인 감사일기 밴드로 공유하기가 가능합니다. 개인 감사일기장에 작성한 내용 중 타인에게 보여주기 힘든 부분은 삭제하고 수정해서 공유할 수 있다는 장점이 있습니다. 또한 PC와의 연동으로 작성의 편의성이 높습니다.

셋째, 지속성과 편리성입니다. 요즘은 휴대전화를 항상 들고 다닙니다. 밴드를 활용하면 휴대전화 속에 감사일기장이 있는 셈입니다. 그래서 수시로 작성 가능하다는 최대 장점이 있습니다. 또한 디지털 매체의 특성상 검색도 편리합니다. 언제 무엇을 했는지를 키워드 하나만으로 찾아낼 수 있습니다. 또한 텍스트 위주의 일기에서 사진이나 영상까지 업로드가 가능하기 때문에 좀더 다양한 형태로 기록할 수 있습니다.

감사일기를 자기 전에 작성하는 것이 아니라 하루 일과 중에 감사한 순간을 만났을 때 수시로 작성하면 됩니다. 그리고 또 감사한 순간을 직면할 때 수정하기를 눌러 덧붙여 나가는 것입

니다. 순간순간 감사함을 작성하는 것이 지속성에 많은 도움이
됩니다.

감사일기 밴드 활용시 주의할 점이 있습니다. 감사일기 개인
밴드에는 일기 외의 다른 글을 올리지 않도록 하는 것이 좋습
니다. 일기장에 다른 성격의 글이 모이기 시작하면 감사일기장
이 에너지를 잃어버리고, 일기장에 마치 낙서가 된 느낌이 들
게 됩니다. 오롯이 감사일기장으로 따뜻한 공간이 되도록 하면
좋겠습니다.

행운을 담는 감사일기 작성하기

감사일기 쓰는 것이 습관이 들 때까지는 아침에 눈을 뜨면
먼저 날짜를 기록하는 일부터 시작하는 것이 좋습니다. 그래야
하루의 감사함을 한 줄이라도 찾아서 작성하고 지나갈 수 있습
니다. 단 한 줄이라도 좋습니다. 그러다보면 어느새 기적을 만
날 수 있습니다.

- 아침에 눈을 뜨자마자 감사일기장에 날짜 기록하기
- '글 수정'을 눌러 감사일기를 수시로 기록하기

- 밤에 잠들기 전에 작성하는 것이 아니라 수시로, 시간이 될 때마다 자신의 일상에서 찾은 감사함을 기록하기
- 감사일기를 모두 작성한 후 내일이나 앞으로 해야 할 일들을 감사함을 담아 미리 감사요청일기를 작성하기
- 잠들기 전에 오늘 작성한 감사일기를 다시 읽어보기
- 밴드에 감사일기 쓰는 기본 작성법 10가지 활용하기

감사일기 밴드 기본 작성법 10문 10답

Q1. 날짜는 꼭 적어야 하나요?

일기를 쓸 때 꼭 날짜를 명시하면 좋겠습니다. 나중에 검색할 때 용이하고요. 일기는 개인의 역사입니다. 날짜가 명시되어 있지 않으면 언제 기록인지 잘 모르게 됩니다.

Q2. 날짜를 기록하는 것 이외에도 몇 번째 일기인지 날짜 등을 꼭 기록해야 하나요?

일기를 작성할 때 헤드라인에 내가 몇 번째로 일기를 쓰고 있는지를 자신만의 방식으로 기입하는 것이 좋습니다. 며칠째라는 숫자를 쓰게 되면 자신의 의지를 다지는 데 아주 중요한

도구가 됩니다. 예를 들면 저는 'thanks to #252 2013. 11. 3. 일'
이라고 기록합니다.

여기에서 thanks to는 영어의 뜻 그대로 '~덕분에' '~덕택에'
입니다. 실제로 나의 하루하루가 누군가의, 무엇인가의 덕분에
이루어지고, 덕택으로 살아가고 있음을 인식하기 위해서 작성
했습니다. 또 #은 나의 일상이 조금씩 나아질 것이라는 반올림
을 의미합니다. 한 걸음도 아니고 딱 반 걸음이라도 앞으로 나
아가려는 나의 의지입니다.

Q3. 일기를 전부 존대어로 쓰고 있는데 왜 그렇게 해야 하나요?

감사일기를 작성할 때는 존대어를 사용하면 훨씬 좋습니다.
밴드는 함께 쓰는 곳이기에 타인에 대한 존중의 의미로 사용하
라는 것이 아닙니다. 존대어는 결국 자신에 대한 존대, 즉 자신
에 대한 존중에 있습니다. 자꾸 존대어를 쓰다보면 일상생활에
서도 자신의 언어들이 정제되어가는 것을 느낄 수 있답니다.

**Q4. 일기에 등장하는 모든 이의 호칭에 '님'이 붙어 있어요. 꼭 그렇
게 해야 하나요?**

모든 이의 호칭에 '님'을 붙여보세요. 마음이 달라지는 것을
느낄 수 있답니다. '님'을 붙여서 부르면 타인에 대한 존중의 의

미도 있습니다. 여기에 다정함이 더해져 미워했던 마음에도 감사함이 저절로 늘어나게 될 것입니다.

Q5. 감사일기 밴드에서는 다른 내용들은 공유하지 말 것을 요청하셨는데, 유용한 정보들을 공유하는 것이 좋지 않을까요?

감사일기 밴드에서는 일기 글만 올리는 것이 가장 좋습니다. 이곳에서는 감사한 기운만 서로서로 받아갈 수 있도록 만들어가면 좋겠습니다. 여러 가지 자료를 공유하다보면 감사 에너지가 흐트러집니다. 공유할 정보들은 카톡이나 문자 등 다른 서비스를 이용하는 것이 좋습니다. 댓글은 언제나 서로에게 희망이 되므로 많이 달아주시고요.

Q6. 감사일기를 손글씨로 쓰고 싶은데, 그러면 다른 이들과 함께 쓰기가 어려운가요? 휴대전화에 독수리 타법으로 쓰기가 힘이 듭니다.

손글씨로 일기를 쓰는 것의 장단점과 밴드를 이용해 일기를 쓰는 것의 장단점이 있습니다. 어느 것이 좋다 나쁘다가 아니라 정보를 공유하기 위해서 밴드라는 도구를 사용하는 것뿐입니다. 손글씨를 쓰는 것을 좋아하는 분은 일기를 작성하고 사진을 찍어서 밴드에 공유하면 됩니다. 초기에 저 역시 손글씨로 써서 밴드에 사진을 찍어 올리기도 했습니다.

Q7. 감사일기장으로 밴드를 활용하라는 특별한 이유가 있으신가요?

밴드라는 온라인 커뮤니티의 장점은 폐쇄형 커뮤니티입니다. 자신이 초대한 사람만 들어올 수 있습니다. 나의 일기를 공유하고 행복함을 함께 나눌 사람들과 함께하는 곳입니다. 소규모 모임이지만 행복한 기운과 행운을 받고자 하는 감사 에너지를 많이 모을 수 있는 곳입니다.

밴드를 활용하라고 권한 이유 중 하나는 밴드로 휴대전화와 PC가 연동되기 때문입니다. 휴대전화로 일기를 작성하는 것이 힘들다면 PC에서 일기 쓰기를 권합니다.

http://www.band.us로 들어가셔서 로그인하고 작성하면 더욱 풍부한 감사일기가 될 것입니다. 또한 개인 밴드를 하나 만들어서 혼자만의 감사일기를 차곡차곡 작성해 나갈 수 있습니다.

한번 작성한 글은 다른 감사 밴드로 공유하기가 용이합니다. 감사 밴드가 여러 곳일 때는 다른 감사 밴드와 공유하기도 쉽습니다. 또한 글 수정이 용이하기도 합니다.

Q8. 하루 중 감사한 것은 모두 적어야 하나요? 아니면 하나만 적어야 하나요?

감사일기입니다. 감사한 것이 있다면 모두 적는 것이 좋겠지요. 그렇지만 그렇게 적다보면 하루해가 다 갈지도 모릅니다.

우리의 하루하루는 감사함으로 넘치고 있기 때문이지요.

하지만 처음에는 감사한 것이 있으면 10개면 10개, 20개면 20개 모두 적는 것이 좋습니다. 그래야 자신이 보지 못했던 감사함들을 찾을 수 있습니다. 당연함이 감사함으로 바뀌기 위해서는 처음 일기를 적을 때는 많이 적는 것이 좋습니다. 그러나 그것이 힘들다면 매일 한 줄이라도 꼭 작성하면 좋습니다. 지속적으로 이루어지는 것이 중요하니까요.

Q9. 일기는 하루에 몇 번을 써도 되나요?

생활하다가 감사한 일이 생길 때마다 작성하면 좋습니다. 개인 혼자 밴드를 활용할 때에는 수정하기를 눌러서 계속 덧붙여 쓰는 것이 좋습니다.

새 글로 쓰게 되면 하루의 일기가 여러 개가 되고, 나중에 검색하기에도 불편합니다. 하루에 한 개만 새 글 쓰기를 하고 수정하기를 눌러서 덧붙이면 좋겠습니다.

Q10. 일기를 쓸 때 긍정문으로 쓰라고 하는데 이유가 무엇인가요? 쉽게 작성할 수 있는 방법은 무엇인가요?

긍정문, 부정문은 그 문장 자체로는 아무런 문제가 없습니다. 그런데 부정문을 자주 사용하다보면 바라보는 시선이 자꾸만

'아니다'에 맞춰지게 됩니다. '~없다' '~아니다' 같은 단어로는 '감사함'을 찾기 어려워집니다. 긍정문으로 서술하는 습관을 들이면 일상생활에서 세상을 바라보는 관점이 긍정적으로 바뀌게 됩니다. 처음에는 어려울 수 있는데 '덕분에'라는 말이 들어가도록 일기를 쓰다보면 저절로 쉽게 긍정문이 만들어질 것입니다.

How to size up 12

1. **하루의 감사한 일** 릴레이 대화
   잠자리에 들기 전, 부모님이 하루 동안 감사한 일을 먼저 하나 이야기하고 그 다음은 자녀가 이야기하도록 합니다.

2. **주제별 감사함** 사회 제반 시설에 감사하기
   - 사회 제반 시설 덕분에 편안하게 살고 있음에 감사합시다.
   - 공공 시설물에 감사합시다.
     - 도서관, 사회 복지센터, 아동 복지센터, 병원 등
     - 횡단보도, 신호등, 교통 CCTV, 과속 단속 카메라 등
     - 공원, 축구장, 인라인 스케이트장, 트랙 등
   - IT 세상에 감사합시다. 기술의 발전에 감사합시다.

3. **감사일기** 우리 집 바로 옆에 공원이 있어 좋습니다. 운동 기구가 있어서 오가며 운동도 할 수 있습니다. 감사합니다. 고맙습니다.

[감사일기 시크릿 1]
나 자신에게 감사하라

행운의 시작은 자기 자신을 사랑하는 것입니다.
내가 나를 사랑해야 세상도 사랑을 줍니다.

홀로서기를 위한 도구

비행기에 탑승하면 승무원이 안전 수칙을 안내해줍니다. 산소마스크 착용법도 알려줍니다. 만약 노약자나 아이와 동승하고 있다면 비상시 누구부터 산소마스크를 착용하는 것이 맞을까요? 노약자나 아이부터? 아니면 보호자 먼저?

비상시 산소마크스의 경우 보호자가 먼저 착용하고 아이나 노약자 착용을 도와야 합니다. 이유가 뭘까요? 보호자가 정신을 잃지 않아야 약자를 도와줄 수 있기 때문입니다. 누군가를 돕는다는 것은 자기 자신을 제대로 먼저 지킬 수 있을 때 가능한 일입니다.

사실 우리의 삶이 늘 안전하기만 할까요? 갑자기 비상 상황으로 돌변할지 모릅니다. 내가 굳건하지 않으면 나 자신도, 내 자녀도, 나의 가정도 도와줄 수 없습니다. 나 자신부터 굳건하게 일어날 수 있는 힘을 가지고 있어야 합니다.

감사일기는 자신을 지키기 위한 일입니다. 누군가의 지지에 힘입어 서있는 것이 아니라 홀로서기를 위한 도구입니다.

세상과 더불어 살아가야 하는데 홀로서기라니요? 홀로서기는 타인을 배척하는 것이 아닙니다. 함께 살아가기 위해서는 산소마스크를 먼저 착용하는 것과 같습니다. 산소마스크를 먼저 착용하고 쓰러지지 않아야 남을 도울 수 있기 때문입니다.

일단 감사일기를 작성할 때 가장 먼저 해야 할 일은 자신에 대한 감사함을 작성하는 것입니다. 감사일기가 산소마스크와 같은 역할을 합니다. 내 스스로가 호흡할 수 있고, 삶의 의식 수준을 올려두어야 합니다. 부모 자신이 산소마스크를 먼저 착용해야 자녀의 산소마스크 착용을 도와줄 수 있습니다.

내 자신의 의식 수준을 어떻게 끌어올릴 것인가를 알기 위해 현재 나 자신이 위치한 의식 수준을 살펴봐야 합니다. 『의식혁명』에서 데이비스 호킨스David Hawkins 박사가 말한 의식 수준 단계를 잠시 소개하고자 합니다.

나의 의식 수준

데이비드 호킨스 박사는 근육 테스트를 통해 인간의 의식 수준을 1부터 1,000까지의 척도로 수치화해 의식 지도를 만들었습니다. 긍정성과 부정성을 200을 기점으로 분류하고 있습니다. 용기, 중립, 자발성, 수용, 이성, 사랑, 기쁨, 평화 등이 200 이상으로 POWER를 가지는 단계입니다. 반면에 수치심, 죄책감, 무감정, 증오, 슬픔, 두려움, 욕망, 분노, 자부심 등은 200 이하의 수준으로 위력적이며 파괴적입니다.

각 단계의 의식 수준을 아주 간략하게 정리해보면 다음과 같습니다.

Force 수준

20 수치심	위험할 만큼 죽음에 가깝다. 존재를 무시당한 고통이다. 감정적·심리적 건강을 무너뜨린다. 수치심은 학대의 도구로 이용되고 수치심 희생자는 스스로 잔인해진다.
30 죄책감	후회, 자책과 유의어다. 강압과 통제를 위해 죄책감을 이용하는 종교 선동가들이 빈번하게 남용하는, 용서할 줄 모르는 감정적 태도이다.
50 무감정	가난, 절망, 희망이 없다. 세계와 미래는 황량·비애스러움·무기력의 상태이다.

75 슬픔	보통은 일시적인 슬픔을 경험하고 극복하지만 이 수준은 지속적인 후회와 우울의 삶, 비애, 상실, 낙담, 습관적 패배자이다. 무감정에 비하면 많은 에너지를 보유하고 있다. 정신적 외상을 입은 무감정 환자가 울기 시작하면 곧 좋아진다는 것을 의미한다.
100 두려움	위험한 것에 대한 두려움은 건강하다. 그러나 일단 두려움에 초점을 맞추면 끝없이 이어지는 걱정스러운 세상사들이 연료를 공급해 만성적으로 스트레스 수준으로 인도한다. 인격 성장을 제한하고 억압한다.
125 욕망	경제 활동을 포함하는 인간 활동의 동기 부여이다. 돈, 명예, 권력에 대한 욕망이 두려움을 넘어서 삶을 지배한다. 중도 수준에서 욕망은 생명 자체보다 더 중요한 갈망이 된다. 욕망은 만족할 줄 모르는데 이것은 진행중인 에너지의 장이기 때문이라 축적과 탐욕을 부른다. TV가 수많은 사람들에게 원하는 에너지를 불어넣어주었다.
150 분노	살인과 전쟁을 인도한다. 분개와 복수심으로 그 자체를 표현하며 불붙기 쉽고 위험스럽다. 분노는 좌절된 욕구에서 비롯된다. 좌절감은 욕망의 중요한 과장이고, 분노는 쉽게 증오에 이른다. 증오는 개인의 삶의 모든 영역에서 파괴적 영향을 미친다.
175 자부심	자부심은 아래 단계의 장들과 대조적이어서 긍정적으로 느껴진다. 수치심, 죄책감, 두려움 등에서 멀리 떨어져 있기 때문이다. 그러나 자부심은 외적 조건에 의존하고 있어서 그러한 조건이 없어지면 더 낮은 수준으로 갑자기 복귀된다. 분열과 파벌주의 발생, 종교전쟁, 정치테러, 정치적 열광, 이것은 사회가 자부심에 치른 값이다. 자부심의 그늘은 오만함과 부정이다. 성장을 가로막는다.

　　낮은 수준에 있는 개인이나 집단은 사회로부터 에너지를 빨아들이기만 한다고 합니다. 200 이하의 삶을 사는 사람들은 자신을 피해자로 보는 경향이 높고, 행복이나 자신의 문제가 내부가 아니라 자신의 외부에 있다는 신념을 가지고 있습니다.

Power 수준

200 **용기**	긍정적 영향력과 부정적 영향력을 구별해주는 임계선이다. 새로운 일을 시도하고 삶의 변화와 도전하는 자발성이다. 목표가 달성되기 시작하고, 성장이 이루어지는 단계의 시작이다. 성취의 긍정적 피드백으로 자기 보상과 자존감이 상승한다. 이것은 생산성과 성과가 이루어지는 단계다.
250 **중립성**	내적 자신감의 시작점이자 안전의 수준이다. 갈등, 경쟁, 죄책감들이 없는 상태이며 감정이 차분하다. 삶은 오르막과 내리막이 있다는 것을 인정하며, 그러나 뭐든지 괜찮아질 거라는 기대와 믿음이 있다.
310 **자발성**	일을 잘한다. 모든 노력이 성공으로 연결되는 것이 일반적이라 생각한다. 성장이 빠르고, 마음이 열려 있다. 사회적으로 낮은 밑바닥에서 일을 한다고 해서 그 상대의 품위가 떨어진다고 생각하지 않는다. 남을 돕고 사회에 기여한다. 학습장애가 없다. 자존감이 높다. 인정, 공감, 보상으로 연결된 긍정적 피드백에 의해 강화된다. 역경이 생겨도 배움을 일으킨다.
350 **수용**	삶의 위력과 조화롭게 살 수 있는 능력의 단계이다. 부정적인 사람도 수용한다. 왜곡이나 그릇된 해석 없이 세상을 바라본다. 나무만 아니라 숲 전체를 보는 것이 가능해진다. 문제를 처리하기 위해 무엇을 해야 할지 알아내기 위해서 전념하고 힘든 일이 있다고 낙담하지 않는다. 단기 목표보다 장기 목표에 집중하며 거부하기보다 포용한다. 평등이 다양성을 배제하지 않는다는 깨달음을 가지고 있다.
400 **이성**	대량의 복잡한 데이터를 처리하고 정확한 판단을 할 수 있다. 이해와 정보가 성취의 주요 도구다. 아인슈타인, 프로이트 등 위대한 사상가들이 해당된다. 기술 세계에서는 대단히 효율적이지만 모순되게도 이성 자체는 의식의 높은 수준에 이르는 데 장애가 있다.
500 **사랑**	무조건적이고 변치 않으며 영속적인 사랑이다. 동요하지 않고, 사랑은 동기의 순수성으로 타인을 고양시킨다. 위대한 업적을 이룰 수 있는 능력이다. 세계 인구의 4%만이 도달한다.

540 기쁨	연민, 치유의 수준, 영성에 기초한 모임, 엄청난 인내심을 가질 수 있는 능력 이다. 기나긴 역경 속에서도 긍정적 태도를 가질 수 있는 능력이다. 자신의 의식 상태를 특별한 개인보다는 생명 자체의 이익을 위해 사용하려는 욕구 가 있다.
600 평화	형식적으로 종교는 초월한다. 초월, 참나, 각성, 신. 600~700 사이로 측정되는 미술, 음악, 건축물 등 걸작 품이 일시적으로 우리를 의식의 높은 수준으로 데려갈 수 있다.
700 -1000 깨달음	여기에 도달한 이의 가르침은 대중을 향상시키고 전 인류의 앎의 수준을 높 여준다. 주 크리슈나, 주 붓다, 주 예수 그리스도가 여기에 해당된다.

이렇게 장황하게 의식 수준에 대한 내용을 늘어놓은 것은 읽고 있는 분들도 자신의 의식 수준이 어디인지를 찾아보길 바라는 마음에서입니다. 감사일기를 쓰기 전 저의 의식 수준은 어디였을까요?

저는 150 분노와 175 자부심 사이를 왕복했다고 말씀드리고 싶습니다. 일에 대한 자부심, 일을 하는 데 있어서는 나름의 자부심이 있었습니다. 직업적 윤리의 사명감까지는 아니더라도 최선을 다하려는 저의 태도에서 스스로 자부심을 가지고 있었습니다. 그런데 제가 원하는 것들이 제 마음대로 이루어지지 않는 것 때문에 늘 화가 나 있었던 것 같습니다. 제 자신의 문제가 아니라 남편과 자녀가 제 뜻대로 되지 않는 것에 대해 화가 나 있었습니다. 그뿐만 아니라 타인에 대한 시기와 질투가 제 삶을 좀먹고 있었습니다.

겉으로는 우아하고 아는 체하지만 그저 바쁠 뿐 성과도 없는 나였습니다. 저의 내부에서는 슬픔, 분노, 자녀에 대한 미안함 등이 저를 괴롭혔습니다.

아마도 그때 저는 저의 모든 문제를 외부 세계가 해결해줘야 한다고 생각한 모양입니다. 당시에 제가 200 이하의 의식 수준을 가진 사람이었다는 것을 단적으로 말해줍니다. 하지만 지금은 저의 문제가 제 안에서 이루어진다는 것을 잘 알고 있습니다.

200 용기. 저의 시작은 감사일기와 책 읽기였습니다. 제가 이 것을 선택한 이유는 단 한 가지, 집과 직장을 오고가며 어린 자녀를 키우면서 집 밖에서 뭔가를 하기에는 어려움이 많았습니다. 이 2가지는 시간적 제약, 공간적 제약에서 벗어나 누군가의 도움이 없어도 집에서 감사일기를 쓸 수 있고, 책을 읽을 수 있었기 때문입니다.

세상에 대고 감사하다고, 고맙다고 소리쳤는데 그 메아리가 저에게 되돌아오기 시작했습니다. 감사의 메아리는 저에게 누군가의 도움 없이 제 스스로 숨을 쉴 수 있게 해주었습니다. 홀로서기가 가능해졌습니다. 뭐든 잘할 수 있겠다는 생각이 들기 시작했습니다. 인생이라는 것이 잘될 때도 있고, 안 될 때도 있다는 것을 받아들이기 시작했습니다.

시선 바꾸기

일어날 일은 어찌 되었든지 일어납니다. 단지 그것을 내가 어떤 시선으로 바라보는가의 문제입니다. 인생은 '새옹지마'입니다. 시선을 바꾸니 제 마음속에 자리잡고 있던 불안감이 서서히 걷히기 시작했습니다. 서서히 저의 까칠하고 위력적인 말투는 부드럽지만 단호한 말씨로 변화했고, 아이들을 존재 그 자체로 마음속에서 인정을 하니 딸아이도 점차 안정되어 갔습니다.

그러자 딸아이와 아들의 생활 태도에도 변화가 일어나기 시작했습니다. 나의 평온함과 배움의 노력이 결국 아이들의 학습 정서로 연결되어 학업 성적도 오르기 시작했습니다.

이 모든 시작은 제가 저 자신을 사랑하는 것이었습니다. 내가 나를 사랑해야 세상도 사랑을 줍니다. 그래서 저의 감사일기의 첫 부분은 노력하고 있는 제 자신에게 늘 감사하다고 전하는 말로 시작하는 것입니다.

아침 일찍 일어나 움직이는 나에게 고맙습니다. 덕분에 하루를 힘차게 시작하게 됩니다. 고맙습니다. 감사합니다.

감사일기 3일 차, 매일 노력하고 있는 나에게 행운을 보냅니다. 고맙습니다. 감사합니다. 고맙습니다.

청소기를 들고 온 집안을 누빕니다. 수고한 나의 손 덕분에 집안이 반짝반짝, 맑고 밝아집니다. 바쁜 시간을 쪼개어 집안을 위해 수고한 나, 고맙습니다. 감사합니다. 감사합니다.

이렇듯 내가 한 일에 대해 스스로 칭찬하고 감사하는 일은 마침내 나의 자존감을 되찾는 일이 되었습니다.

1. **하루의 감사한 일** 릴레이 대화

   잠자리에 들기 전, 부모님이 하루 동안 감사한 일을 먼저 하나 이야기하고 그 다음은 자녀가 이야기하도록 합니다.

2. **주제별 감사함** 사랑할 수 있음에 감사하기 _ 나
   - 자신의 있는 그대로를 믿고 사랑할 수 있음에 감사합시다.
   - 나의 존재 자체가 아름다움임을 감사합시다.
     - 내가 할 수 있는 일이 많음에 감사합시다.
     - 나를 믿어주고 나에게 힘을 주는 사람이 나 자신임을 알고 감사합시다.
   - 모든 사람을 있는 그대로 받아들이고 사랑하게 됨을 감사합시다.
     - '틀렸다'가 아니라 '다르다'는 것을 이해하고 감사합시다.
     - 다른 사람을 이해하는 능력이 뛰어남에 감사합시다.
   - 슬픔을 함께 나눌 수 있음에 감사합시다.
   - 내 삶을 있는 그대로 받아들이고 사랑하고 감사합시다.
   - 온 세상을 있는 그대로 받아들이고 사랑하고 감사합시다.

3. **감사일기** 감사함은 사랑을 불러옵니다. 어제까지 나를 힘들게 했던 아이들이 오늘은 모두 감사하고 사랑스럽습니다. 아이들을 사랑하는 나의 마음에 감사합니다. 감사합니다. 감사합니다.

[감사일기 시크릿 2]
덕분에, 감사합니다

세상 모든 것은 누군가의 '덕분'으로 존재한다는 걸
인식해야 합니다. 그때부터 삶은 풍요로워집니다.

때문에 vs. 덕분에

"경윤이 **때문에** 결과가 이렇게 된 거야."

이 문장은 어떤 느낌으로 다가오시나요? 이렇게 되었다는 의미는 무엇일까요? 결과가 좋다는 의미일까요? 아니면 결과가 나쁘다는 의미일까요?

앞뒤의 내용이 있어야 결과의 긍정과 부정을 알 수 있을 것 같습니다. 다음 문장들을 보죠.

경윤이 **때문에** 결과가 이렇게 되어서 **참 감사하다.**

경윤이 **때문에** 결과가 이렇게 되어서 **마음이 불편해.**

'때문에'는 '좋다' '나쁘다'라는 정서를 포함하는 단어가 아닙니다. '소정이 때문에 감사'하기도 하고, '경윤이 때문에 마음이 불편'할 수 있습니다. 긍정적인 맥락과 부정적인 맥락에서 다 사용되는 말로, 어떤 일의 원인이나 까닭을 나타냅니다. 앞뒤의 인과관계를 나타내는 말일 뿐입니다.

경윤이 **덕분에** 결과가 이렇게 되어서 **참 감사하다.**

그에 비해서 '덕분'이라는 명사는 '베풀어준 은혜나 도움'을 뜻하는 말로 자연스럽게 '고맙습니다'라는 단어가 따라붙게 됩니다. '덕분'이라는 단어 자체에 상대에 대한 긍정적 의사가 포함된 단어로 주관적 정서가 이미 개입되어 있습니다.

생활 속에서 '감사함'을 표현하고 실천하기 위해서는 '덕분에'라는 말을 사용하고, 일기에서도 자주 사용하는 것이 좋습니다. 평소 자주 사용하는 단어가 아니기에 감사일기를 작성하면서 자신이 사용하는 언어 습관을 바꿔보는 것이 좋습니다.

친구님이 운전을 해주었기 때문에 편안하게 옵니다. 고맙습
니다.

→ 친구님이 운전해준 **덕분에** 편안하게 옵니다. 고맙습니다.

부산외곽순환도로가 있어 빠르게 잘 도착해 감사합니다.

→ 부산외곽순환도로 **덕분에** 빠르게 잘 도착해 감사합니다.

평소 말을 하면서 '감사함'이라는 정서를 마음속에서부터 입
밖으로, 삶으로 끌어내기가 쉽지만은 않습니다. 그러나 이 '덕
분'이라는 단어를 자주 사용하다보면 감사가 어느새 입 밖으로
꺼내어지고 세상살이가 다 '덕분'이라는 생각이 들게 됩니다.
세상을 바라보는 시야가 달라집니다.

오늘은 유달리 연구실에 상담 방문자가 많은 날입니다. 해야
할 일은 산더미인데 일이 안 됩니다. **덕분에** 커피를 3잔이나 넘
게 마십니다. 이런 날은 이런 날대로 즐길 줄 아는 나입니다. 나
를 찾아주는 님들이 많다는 것이 참 고맙습니다. 감사합니다. 고
맙습니다.

방문자가 많아서 손님맞이 커피만 잔뜩 마시고 일도 못했으니 남 탓을 하기 쉽습니다. '덕분에'라는 말이 입에 붙고 나면 자신도 모르게 부정의 상황에서도 '덕분'이라는 단어를 쓰면서 상황을 달리 보게 됩니다.

　일을 못한 것에 집중하는 것이 아니라 나를 찾는 사람들이 많다는 것에 집중하게 됩니다. 내가 바라보는 시선을 긍정적으로 바꾸는 데 도움이 되는 단어입니다.

　'덕분'이라는 단어를 쓰고보면 우리 주변에 모든 것들, 자연·사람·사물·환경 등 우리의 삶을 풍요롭게 해주는 것들이 얼마나 많은지 새롭게 인식하게 됩니다.

　점화효과를 기억하시죠? 상대방과 이야기를 나눌 때 '덕분에', 이 단어 하나만으로도 충분히 마음과 마음을 나눌 수 있습니다. 덕분에 감사합니다.

[감사일기 시크릿 3]
언어의 순서를 바꿔라, 인교감

마지막에 우리는 꼭 '고마워요'를 기억하고 말해야 합니다.
그 한마디가 우리의 관계를 따스하게 연결지어줄 겁니다.

인교감으로 말하기

말은 생각을 담습니다. 말은 소통하기 위해서 사용됩니다.

내가 아무리 좋은 마음으로 상대를 대하더라도 상대는 내 얼굴과 내 입 밖으로 나온 말에 반응하게 됩니다. 상대에 대해 감사한 마음을 가지고 있다고 해서 상대가 알아줄까요? 나의 행동을 보고 알 수 있다고 생각할 수도 있습니다. 행동도 중요하지만 말 한마디의 힘이 더 강력할 때도 있습니다.

부모와 자녀 사이의 관계도 마찬가지입니다. 자녀에 대한 부모의 사랑은 참으로 깊고도 넓습니다. 자녀가 잘되기를 바라는 마음에서 한 잔소리가 효과를 발휘하기도 하지만 원망으로 되돌아오는 경우도 많습니다. 자녀의 생활 습관을 바로 잡기 위해서 학습시간, 휴대전화 사용시간, 방 청소, 인사하는 법 등 부모님께서 지도해야 할 것이 참으로 많은 세상이 되었습니다. 또 집안에서만이 아니라 학교에서 문제가 발생할 때 어떻게 말하고 어떻게 대처해야 할지 고민이 생깁니다.

이 모든 일들은 말의 순서만 바꿔도 좋은 효과를 발휘합니다. 인교감 기법으로 말을 해보는 것입니다. 즉 '인정' '교정' '감사'의 순서로 말을 하는 것이지요.

'인정'은 그 상황에 대한 알아차림이라고 할 수 있습니다. 보이는 상황 또는 그 직전의 상황에 대한 알아차림입니다. '교정'은 문제를 해결해야 할 상황의 수정에 대한 것입니다. 그리고 마무리는 '감사'입니다. 상황의 종료이든, 말을 들어준 것이든 마지막에는 항상 감사함으로 종료해야 합니다.

인교감 기법으로 세상을 바라보고 말하는 습관을 가지는 동시에 감사일기에도 적용해 작성하는 방법을 살펴보고자 합니다. 감사일기에 인교감 기법을 활용해 작성하다보면 자기 자신과의 대화가 더 수월해집니다. 예를 들어보겠습니다.

"방 정리하라고 했는데 청소하지 않고 뭐했니?"

생활 습관이 정착되지 않은 아이에게 이렇게 말하고 나면 부모님과 자녀 사이에 미묘한 부정적 감정이 흐르게 됩니다. 이 말이 청소를 했든, 하지 않았든 간에 비난으로 들린다는 것입니다. 그래서 어떤 부모님은 자녀와의 언쟁을 피하고 싶어서 잔소리를 아예 안 한다는 분도 있고, 그래도 해야 할 것은 해야 하니 때려서라도 가르쳐야 한다는 분들도 있습니다. 두 경우 모두 틀린 말도 아니고 옳은 말도 아닌 듯합니다. 상황에 따라 다를 수밖에 없고, 나중에 결과는 어떻게 나타날지 알 수 없기 때문입니다.

그러나 부모는 자녀가 좀더 성장하고 발전할 수 있도록 도와야 하는 사람이므로 좀더 나은 방법을 선택해야만 합니다.

1단계 : 인정하기

자녀를 대할 때 가장 먼저 해야 할 일은 '인정하기'입니다. 그 상황이 어찌 되었든지 인정을 해야 합니다. 관찰을 통한 상황의 인정과 아이의 감정에 대한 인정이 필요합니다.

"방 정리하기로 했는데 청소하지 않고 뭐했니?"의 경우를 인정이라고 볼 수 있을까요? 청소하지 않은 것은 분명 사실일까요. 그런데 어쩌면 자녀가 청소를 했었을 수도 있습니다. 단지 엄마의 기준에 미치지 못해서 청소를 안 한 것으로 본다면 자녀는 어떻게 생각하게 될까요?

'어, 나 청소했는데. 엄마는 왜 저러지?'라고 반감을 가지게 될 겁니다. 청소라는 문제에서도 이렇게 어쩔 수 없이 감정을 주고받게 되지요.

여기서 중요한 것은 인정은 보이는 현상, 사실만을 인정하고 전달한다는 겁니다. 방의 물건들이 아직 어질러져 있고 정리정돈이 안 되어 있다면 자녀에게 이렇게 말해보세요.

"오늘 할 일이 많았나보구나. 방바닥에 물건이 많이 나왔네."

이건 청소와 상관없이 방을 어지럽히게 된 직전의 상황을 알아차려 말하는 것입니다.

그런데 여기서 중요한 또 하나는 말의 뉘앙스입니다. 따스한 온도의 언어여야 합니다. 사실을 전달해도 차가운 온도의 말은 잘 들리지 않고, 받아들이고 싶지도 않습니다. 온기 있는 말일 때 받아들이는 자세가 다릅니다. 상대만 받아들이는 자세가 다를까요? 말하고 있는 부모님 자신 또한 따스한 온기를 받는 것입니다.

온기를 담아 위의 말을 자녀에게 해보기 바랍니다. 내가 아무리 부정적 감정이 없었다고 하더라도 말의 온도가 너무 차갑다면 상대방은 비난으로 들리기 때문입니다.

인정하기에는 엄마의 평가가 들어간 말이 아니라 관찰에 의한 말들이 필요합니다. 놀이터에서 신나게 놀다 들어온 아이가 옷이 무척이나 더러워진 상태로 들어왔습니다. 아이가 씻지도 않고 돌아다닌다면 뭐라고 말을 하면 좋을까요?

"씻어라."

하하, 맞습니다. 씻고 옷을 갈아입는 것이 중요하지요. 그런데 그 '씻다'의 판단과 결정은 아이가 아니라 엄마가 내려버린 것입니다. 아이의 생각이 개입되어 있지 않습니다. 어린 자녀가 주도적으로 무엇인가를 할 수 있도록 도와주려면 아이의 생각을 물어봐야 합니다.

우리가 씻는다는 행위가 일어날 때까지는 뇌에서 많은 작용들이 일어납니다. '생각-판단-결정-행동'의 단계를 거친다고 합니다. 아이 스스로 옷이 더러워졌다는 생각이 먼저 일어나고 씻어야 할지 씻지 말아야 할지를 판단하게 됩니다. 그리고 어떤 행위를 할지 결정하고 난 뒤에 행동으로 옮기게 됩니다.

"씻어라"라는 엄마의 말에 아이의 생각과 판단, 결정이 다 일어났다고 보기는 어렵습니다. 습관화된 생활 패턴일 수도 있고, 엄마의 강압에 의한 행동양식일 수도 있습니다. "씻어라"라고 결정된 사항을 통보하는 것이 아니라 아이의 상태를 먼저 인정해주는 것부터 시작해보면 좋겠습니다. 어떤 말로 인정을 해보면 좋을까요?

"옷이 더럽구나."

"씻어라" 다음으로 가장 많이 등장하는 말입니다. '옷이 더럽다'라는 것이 '인정의 말'이 될까요? "옷이 더러워서 더럽다고 사실을 전달하는 것이 인정 아닌가요?"라고 물어볼 겁니다. 맞는 말인 듯도 합니다. 그런데 '더럽다'의 기준은 누구의 기준입니까? 네, 엄마의 기준입니다. 자녀는 더럽다고 생각하지 않고 있다면, 이것을 '인정'이라고 받아들이지 않게 됩니다. 감정은 말을 듣자마자 바로 일어납니다. 단어 하나에 점화되어 감정이 일렁이게 됩니다.

'인정하기'는 상대가 인정하는 '인정의 말'이어야 합니다. 인정은 상대의 상황을 알고 인정하는 것입니다. 아이는 아마도 놀이터에서 친구들과 열정적으로 놀고 왔을 가능성이 높습니다.

"놀이터에서 친구들과 재미있게, 신나게 놀았구나."

이렇게 첫 마디를 시작해보는 것은 어떨까요? 즐겁고 행복한 시간을 보내고 온 아이는 이내 바로 답을 할 겁니다.

"네, 정말 재미있었어요."

이러면 인정하기는 성공입니다. 상대의 반응이 바로 인정의 말로 나타나야 합니다. 상대가 인정하는 말이 되기 위해서는 상대의 처음 상태를 인지하는 것이 좋습니다. 인정하기가 잘

되려면 현재가 일어나기 전 단계에 대한 관찰이 필요합니다. 놀이터에서 놀았다는 사실을 알아야만 인정하기가 쉽습니다.

인정하기는 결국 감정과 연결되어 있습니다. 감정을 공감해주고 인정하게 되는 말들이 결국 상대의 마음을 움직이게 됩니다.

2단계 : 교정하기

인정하기의 말을 하고 나면 그 다음은 '교정하기'입니다. 교정에는 타인에 의한 수정과 자기에 의한 수정이 있습니다. 처음에 "씻어라"라는 말이 타인에 의한 수정이라고 볼 수 있습니다. 그런데 이 수정, 교정이 잘못 인식되면 이른바 '잔소리'가 되어버리는 영역입니다.

잔소리가 교정을 위한 말로, 성장을 돕는 말로 바뀌려면 먼저 인정이 있어야 합니다. 인정은 자각, 알아차림, 메타 인지 등의 용어로 사용됩니다. 옷이 더럽다는 것을 인정하고, 자각해야 그 다음이 일어납니다.

인교감에서 가장 어려운 부분이 '제대로 인정하기'입니다. 자녀가 인정할 수 있는 말을 부모가 하기 시작하면 긍정적 감정이 일어나면서 점화효과로 교정도 쉽게 이루어지는 경우가 많습니다.

인정	"놀이터에서 친구들과 재미있게 신나게 놀았구나." "네, 정말 재미있었어요." "옷에 흙이 많이 묻었구나."
교정	**"씻어야 되겠지."**

그런데 교정하기가 생각보다 쉽지 않습니다. 실컷 인정하기에서 긍정적 감정을 불러 일으켜놓고 잔소리를 한참 하는 분들이 있습니다. 실제로 교정이 잘되기 위해서는 적절한 처방이 필요하지만, 그것이 어렵게 느껴져서 힘들 때는 자녀가 스스로 생각할 수 있도록 아이에게 되물어보는 것도 좋습니다. 질문은 타인에 의한 수정이 아니라, 자기에 의한 교정이 되도록 도움을 주는 장치입니다.

인정	"놀이터에서 친구들과 재미있게 신나게 놀았구나." "네, 정말 재미있었어요." "옷에 흙이 많이 묻었구나."
교정	**"뭐부터 해야 할까?"**

옷에 흙이 묻어 있다는 사실을 확인하게 한 후 스스로 옷을 갈아입고, 씻을 수 있도록 도움을 주는 질문은 아이에게 생각할 수 있는 힘을 길러줍니다.

3단계 : 감사하기

인정, 교정의 마지막 단계는 '감사하기'입니다. 인정과 교정의 단계에서 적절한 처방으로 제대로 움직였든지, 의도한 대로되지 않았든지 간에 마지막 단계의 '감사하기'는 절대로 빠뜨려서는 안 됩니다. 상대에게 "고마워" "감사해요" 등의 말을 꼭전달해야 합니다.

인정	"놀이터에서 친구들과 재미있게 신나게 놀았구나." "네, 정말 재미있었어요." "옷에 흙이 많이 묻었구나."
교정	"옷에 흙이 많이 묻어왔는데 **뭐해야 할까?**" "씻는 게 좋겠어요."
감사	**"(엄마 이야기 들어줘서) 고마워!"**

"고마워" 앞에 어떤 설명이 없어도 됩니다. 그냥 "고마워"라고 말하기만 하면 됩니다. 여기에서 중요한 것은 "참 좋은 생각이야" "참 잘했어요"라는 칭찬의 말이 아닙니다. 서로가 서로를존중해서 이야기를 들어줘 '고맙다'는 것입니다.

수직적 관계에서 교정이 되어서 잘했다는 칭찬의 의미가 아닙니다. 부모와 자녀가 수평적 관계, 동등한 관계에서 이루어진 대화로 감사함을 표현하는 것입니다.

아이의 입장에서는 "고마워"가 칭찬으로 들릴 수도 있고, 엄마가 그냥 답한 말로 느껴질 수도 있습니다. 그러나 그 어떤 것이 되었든지 간에 아이는 마지막 단어에 영향을 받습니다. 말하고 있는 엄마 자신도 그 영향을 받기 마련입니다.

엄마의 말을 받아 아이도 누군가에게 마지막 말로 "고마워"를 말하게 될 겁니다. 이 마지막 "고마워"는 집안의 공기가 달라지게 합니다.

감사일기 쓰기

그렇다면 감사일기와 인교감 기법은 어떤 관련이 있을까요? '인교감으로 말하기'를 감사일기에도 그대로 적용할 수 있습니다. 인교감 기법은 외부 세계, 즉 나 자신의 내부 세계 밖의 상대가 있는 상태에서 주고받는 상황에서 이루어지는 일입니다. 그러나 감사일기는 혼자서 작성하는 과정입니다. 말하기가 쓰기로 바뀌는 과정입니다.

인교감 기법에 의해 상대로부터 인정받고 교정에 대한 생각을 가지고, 또 감사함을 전해 듣는다면 거부감 없이 자신의 문제에 대해 접근하게 됩니다. 감사일기 쓰기도 마찬가지입니다. 외부 세계에서 적용되는 것이 내부 세계에도 적용됩니다.

인정의 단계, 일어난 상황, 보여지는 직전의 상황을 그대로 서술합니다. 거기에 대한 감정도 함께 작성합니다. 자신에 대한 알아차림, 메타 인지의 단계입니다. 교정 단계, 무엇이 문제인지 찾아보고, 나아갈 방향을 찾습니다. 감사 단계, 부정의 상황에도 감사할 것이 무엇인지 찾아봅니다.

〈감사일기 예시〉

아이가 놀이터에서 즐겁게 잘 놀다 들어옵니다. 아이가 즐겁게 놀 수 있다는 것이 참 행복합니다. 그런데 들어와서 씻지 않고 돌아다니는 것이 너무 불편했습니다. 그렇게 여러 번 씻으라고 말했는데 인지하지 못하는 것이 화가 납니다. 하지만 화내지 않고 즐겁게 놀고 온 것을 인정해주고 필요한 것을 스스로 찾을 수 있도록 도와줬습니다. 인교감을 잊지 않고 실천한 나여서 고맙습니다. 감사합니다. 고맙습니다.

이렇게 인교감의 순서를 따라 감사일기를 작성하는 것입니다. 이렇게 감사일기를 작성하다보면 내용이 길어집니다.

주변에서 짧은 감사일기를 많이 접했을 것이라 생각합니다.

이 상황에 대한 감사일기를 쓰게 되면 아래와 같이 요약된 상태로 작성하게 됩니다.

〈감사일기 예시〉

아이가 잘 놀고 와서 씻어줘 고맙습니다. 감사합니다.

이것은 오직 결과만 나타난 것으로 그 과정이 보이지 않습니다. 부모가 품었던 감정도 나와 있지 않습니다. 마치 처음에 엄마가 결정한 상황, '씻어라'를 전달받는 느낌과 비슷할 수도 있습니다.

감사일기는 쓰고 난 후에는 자신이 품었던 부정적 감정이 산화될 수 있도록 도와줘야 합니다. 그러려면 그 순간 느꼈던 감정들도 작성하는 것이 좋습니다. 자세하고 솔직하게 작성하는 것이 중요합니다.

감사일기도 어떻게 쓰는가에 따라 그 성장의 결과 값이 달라집니다. 쓰기도 말하기와 같습니다. 내 감정을 들여다보고 인정해주고, 그리고 나아갈 점을 찾을 때 감사한 점도 나타납니다.

자녀에게 인교감 기법으로 이야기하고 싶나요? 그렇다면 자신의 내부 세계에서도 인교감으로 대화하는 습관을 가져보기 바랍니다.

How to size up 14

1. `하루의 감사한 일` 릴레이 대화
   잠자리에 들기 전, 부모님이 하루 동안 감사한 일을 먼저 하나 이야기하고 그
   다음은 자녀가 이야기하도록 합니다.

2. `주제별 감사함` 사물에 감사하기 _ 책
   - 책이 나를 만나게 될 때까지 거치는 모든 과정에 감사합시다.
   - 책을 읽고 감명을 받는 자신에게 감사합시다.
   - 좋은 책을 쓴 작가에게 감사합시다.
   - 좋은 글귀에 감사합시다.
   - 책이 주는 지혜와 깨달음에 감사합시다.

3. `감사일기` 박웅현의 책 『여덟 단어』에 나온 '낯설게 보기의 기적'이라는 말이
   참으로 와닿았습니다. 감사일기를 쓰기 시작하고 나서 그전까지는 보이지 않
   았던 것들이 내 눈에 들어오기 시작했습니다. 매 순간이 기적이라는 것을 알
   았습니다. 아무것도 아닌 것을 보는 힘, 나에게 생긴 힘입니다. 오늘 나는 기
   적의 순간을 만났습니다. 고맙습니다. 감사합니다. 감사합니다.

[감사일기 시크릿 4]
인교감으로 생각을 전환하라

인정은 상황과 자신의 내면에 대한 알아차림입니다
알아차림과 감사함을 통해 한 단계 나아갈 수 있습니다.

문제상황을 보는 눈

자녀를 키우다보면 사실 가정생활에서의 갈등보다 학교생활에서 가져오는 문제들이 더 많습니다. 내 자식이지만 내 맘 같지 않고, 솔직히 내 자녀를 다 안다고 생각하지만, 자녀가 어떤 생각을 하고 있는지, 무엇에 관심이 있는지 잘 모르는 경우가 허다합니다.

자녀의 친구 관계든지, 학교생활 문제든지 간에 슬기롭게 해결할 수 있는 방법을 찾아야 합니다. 인교감 기법이 그 해결을 도와줄 겁니다.

요즘 학생들 간 학교폭력 사건들은 다양한 형태로 나타납니다. 따돌림, 금품 갈취, 성희롱, 사이버 폭력, 언어 폭력 등을 뉴스에서 볼 때는 우리 아이와 전혀 상관없는 이야기로 느껴집니다. 그러나 언어 폭력이나 신체 폭력, 금품 갈취, 성추행 등의 가해자나, 피해자가 될 수도 있습니다. 아주 사소한 것이 시발이 되어 사건이 커지기도 합니다.

팔은 안으로 굽습니다. 절대로 밖으로 굽힐 수가 없습니다. 그러다보니 내 자식은 잘못한 것이 없어 보이고, 다른 아이들의 문제점은 더 커보입니다.

오로지 내 자식만 억울하게 느껴집니다. 도가 지나친 잘못에도 일단은 내 자식이 뭘 잘못했냐고 따지기 일쑤입니다. 분명하게 자녀의 문제점을 인지해도 절대로 그것을 수긍하려고 하지 않는 경우도 있습니다. 부모님들의 그런 모습을 볼 때면 안타깝습니다.

"선생님께서 너무 아이를 한쪽 면만 보고 계시는 것은 아닌가요?"

"우리 애가 ○○랑 어울리는데, ○○가 자꾸만 이상한 짓을 시켜서 그래요."

"선생님이 잘못 가르쳤다" "친구들이 잘못한 것이다" 등 자녀의 문제를 타인의 문제로 회피하려는 경향도 큽니다. 실제로 상담을 해보면 부모님들께서도 자녀의 문제점을 알고 있는 경우가 많습니다. 단지 그 사실을 인정하고 싶지 않고, 혹시나 내 자녀만 손해 보지 않을까 하는 마음에서 다소 위력적인 행동을 하기도 합니다.

사실 친구의 문제가 있을 수 있고, 선생님이 잘못 판단했을 수도 있습니다. 그렇다고 해서 자녀의 문제가 없다고는 할 수 없습니다.

부모님들은 아직 초등학생이니 점점 나아질 것이라는 희망 때문에 회피하기도 하고, 어떤 말로 어떻게 훈육을 해야 할지 잘 몰라서 회피하기도 합니다. 회피하게 되면 앞에서 말한 시간의 복리 현상이 부정적인 방향으로 어느 날 한꺼번에 몰려올 수도 있습니다. 아이의 문제를 회피하는 것은 결코 좋은 해결 방법이 아닙니다.

자녀가 왕따를 당했다고 생각한 학부모님이 화가 나서 위협적인 말투로 담임교사에게 따지러 옵니다.

"○○가 먼저 시비를 걸었고, 우리 아이만 왕따가 되었어요. 반 아이들 모두가 문제인 것 같아요. 선생님께서 잘못 지도하신 탓입니다."

위협적인 말투로 담임 선생님에게 문제를 제기하는 부모님 말에서 어떤 느낌이 드나요? 이런 경우 문제의 핵심은 그 학생일 가능성이 높습니다. 피해자라고 생각해서서 오지만 차근차근 하나하나 짚어가며 문제를 찾아가다보면 피해자만 아니라 가해자인 동시에 피해자인 경우가 많습니다.

반면에 정말로 이런 피해를 보는 학생들도 있습니다. 이럴 경우에는 담임 교사가 모를 수도 있으니 알려서 꼭 협조 체제를 갖추고 자녀가 더 이상 피해를 입지 않도록 도움을 줘야 합니다.

1단계 : 인정하기

인정하기는 상황을 먼저 파악하는 것입니다. 아이들은 자신에게 유리한 것만 부모에게 전달합니다. 자신의 억울한 점, 힘들었던 점을 이야기하지만, 자신이 잘못한 것이나 불리한 것은 말하려고 하지 않습니다. 이것은 너무 당연한 일이니 너무 나무라지 말고 받아줘야 합니다.

아이들만 그런 것이 아닙니다. 성인들도 마찬가지로 자신에게 유리한 것만 이야기하게 됩니다. 인간은 누구나 방어기제를 가지고 있어서 자신에게 유리한 쪽을 먼저 이야기하게 되어 있습니다.

자녀가 거짓말을 했다고 분개하지 말고 그냥 하나하나 사실 확인을 해가는 부모의 지혜가 필요합니다. 자녀가 거짓을 말하든지, 사실을 말하든지 간에 제일 먼저 해야 할 일은 인정입니다.

부모가 그 상황을 직접 본 적이 없어, 아이의 이야기로만 결정해야 할 경우에 인정하는 말은 자녀의 감정에 대한 인정이 우선되어야 합니다. 자녀의 마음을 공감해주는 것이 그 첫 번째입니다.

인정	"일이 이렇게 되어서 속상하겠구나." "친구 때문에 화가 많이 났겠구나."

판단의 근거가 부족한 상황에서 자녀의 말만 듣고 그 상황을 인정해서는 안 됩니다. 가해자가 될 수도 있고, 피해자가 될 수도 있는 자녀에게 잘못된 상황 판단을 하기보다 두 경우를 다 헤아려 먼저 토닥여주는 것이 좋습니다.

2단계 : 교정하기

자녀의 마음을 먼저 공감해주었다면, 이제는 전후 상황을 살펴볼 수 있어야 합니다. 자녀의 이야기를 기본적으로 신뢰하면서 선생님이나 친구들의 이야기들을 종합적으로 파악해보는 부모의 노력이 중요합니다. 그래야 적절한 처방이 이루어질 수 있습니다.

자녀가 잘못해서 타인의 권리나 이익을 침해한 가해 학생이라면 분명하게 처벌을 받도록 하는 것이 참으로 중요합니다. 자녀가 혼나고 처벌받는 것이 부모로서는 싫겠지만 실제로 옳은 행위와 올바르지 않는 행위에 대한 기준이 불명확한 시기의 학생들이기에, 잘못된 것을 명확하게 인지할 수 있도록 도와주는 것이 부모님의 일입니다.

초등 시절은 잘못된 것을 인지하고 바른 태도를 만드는 시기입니다. 처벌도 무겁지 않습니다. 그러니 두려워하지 말고 부모님은 선생님과 함께 자녀를 잘 지도할 수 있는 방법을 선택하는 것이 좋습니다.

피해를 본 학생일 경우에도 교정하기와 적절한 처방이 필요합니다. 피해를 본 학생의 경우에는 심리적 상태가 더 불안정하기 때문에 감정을 먼저 더 토닥여주고, 필요하다면 심리상담 등으로 도움을 줘야 합니다.

3단계 : 감사하기

마지막 단계는 감사하기입니다. 자녀와 충분히 대화를 나누고, 잘못된 것을 인정하고 나아갈 수 있음에 대해 감사함을 표현해줘야 합니다.

감사	"잘못을 인정하고 스스로 노력해준 점이 고마워." "문제를 극복해줘서 고마워."

가해 학생의 경우 처벌을 감내했다면 그것을 이겨내고 새로운 마음을 다진 것에 대해 감사함을 표현해야 합니다. 또한 학생 스스로도 감사함을 찾을 수 있도록 도와주는 것이 참으로 중요합니다.

피해 학생의 경우에도 주변에 감사할 일이 많다는 것을 알게 하고, 다양한 관점에서 감사함을 찾도록 도와줍니다. 감사일기도 작성하게 합니다. 감사일기 쓰기는 회복탄력성에 좋은 도구입니다.

감사일기 쓰기

　감사일기 쓰기는 부정적인 상황을 원만하게 극복하는 데 도움을 줍니다. 그리고 상황에 대한 생각을 전환시키는 힘을 가지고 있습니다. '억울하다' '분하다'라는 생각을 내려놓고 보게 됩니다. 배울 점을 찾아가는 연습이 이루어지기 때문에 삶의 지혜를 얻는 시간이 됩니다.

　감사일기는 진짜 감정을 만나고, 가짜 감정들은 덜어내고, 나를 만나는 시간이 되어서 점점 자신을 좋아하기 위해 씁니다.

〈부모님의 일기〉

인정	사이버상에서 딸아이가 다른 친구들로부터 욕을 듣고 찐따가 되었다고 많이 웁니다. 톡의 내용을 보니 주고받은 말들이 너무 심합니다. 선생님께 친구들을 고발했다고 합니다. 내 딸아이를 생각하니 마음이 너무 아픕니다. 그동안 내 아이를 괴롭힌 친구들을 불러서 혼내주고 싶습니다. 그동안 부모로서 무엇을 했나 자책이 됩니다.
교정	내용을 알아보니 딸아이도 다른 친구들에게 욕을 했다는 사실을 알게 됩니다. 결국 마찬가지라는 생각이 듭니다. 이제부터 아이의 언어 사용에 대해 주의를 기울이고 올바르게 성장하도록 잘 살펴야겠습니다.
감사	나의 아이가 잘 자랄 수 있도록 기도로 감사 에너지를 많이 보내야겠습니다. 이번 기회로 아이와 자주 대화를 나눠야 할 것을 배웁니다. 감사합니다. 고맙습니다.

〈자녀의 일기〉

인정	○○가 톡방에서 나를 욕하고 따돌려서 너무 화가 납니다. ○○는 언제나 자기 마음대로 친구들을 이용하려고 합니다. 내가 자기 말을 들어주지 않으니 반 친구에게 나를 욕하고 이상한 사람으로 만들어버립니다. 이번에는 참지 않고 선생님께 고발을 합니다. 엄마와 선생님이 나의 속상한 마음을 알아주십니다.
교정	이번 일의 잘못은 내가 아니지만 이제부터는 말을 조심해서 써야겠습니다. 톡방에서 함부로 다른 친구들을 비방하는 것은 나에게로 돌아옵니다.
감사	선생님과 엄마가 나를 이해해주셔서 고맙습니다. 말을 조심히 써야 한다는 것을 알게 되어 고맙습니다. 감사합니다. 감사합니다.

'인정, 교정, 감사'의 순서로 꼭 맞춰 쓰지 않아도 됩니다. 그러나 이러한 과정을 거쳐서 작성하는 연습을 하다보면 자신의 솔직한 감정을 만날 수 있으며 상황을 바라볼 수 있는 힘을 가질 수 있습니다.

인정 단계는 일어난 상황을 그대로 작성하는 겁니다. 그리고 감정도 그대로 서술합니다. 상황과 자신의 내면에 대해서 알아차림이 일어납니다. 교정 단계는 무엇이 문제인지 찾아보고 이 상황에서도 감사한 것들을 찾아내는 연습이 필요합니다.

How to size up 15

1. **하루의 감사한 일** 릴레이 대화

   잠자리에 들기 전, 부모님이 하루 동안 감사한 일을 먼저 하나 이야기하고 그 다음은 자녀가 이야기하도록 합니다.

2. **주제별 감사함** 예술에 감사하기
   - 아름다운 예술이 주는 마음의 풍요로움에 감사합시다.
   - 위대한 작가들의 작품이 주는 깨달음에 감사합시다.
   - 일상의 소소한 예술 작품에 감사합시다.
   - 영화 속의 대사에도 배울 점을 찾을 수 있음에 감사합시다.
   - 영화가 주는 깨달음, 영상미에 대해 감사합시다.

3. **감사일기** 퇴근길에 노래를 크게 틀어놓고 운전을 했습니다. 우울했던 기분을 싹 바꿔준 음악에 감사합니다. 감사합니다. 감사합니다.

[감사일기 시크릿 5]
감사함으로 관점 다양화하기

관점을 바꾼다는 것은 다른 방향에서 바라본다는 것.
다름을 이해하면 세상의 감사함이 얼마나 많은지 알아차리게 됩니다.

다름 vs. 틀림

'시간여행자', 가수 양준일에게 붙여진 수식어입니다. 그는 온라인 탑골공원이라는 곳에서 10~20대들이 90년대 노래 모음을 듣다가 재조명을 받게 됩니다. 대한민국 가요계에 한 시대를 풍미했다가 사라진 가수를 찾아나서는 모 방송사의 프로그램에 출연하면서 대단한 화제를 불러일으켰습니다.

방송 직후 사회적 반향이 너무도 커서 모르는 사람이 없을 정도가 되어 버렸습니다. 1991년 데뷔해서 몇 곡 남기지도 않고 사라진 가수의 2019년 재등장이 왜 이토록 큰 이슈가 되었을까요? 그의 노래솜씨가 너무 출중해서일까요? 그의 춤이 너무 멋졌기 때문일까요?

네, 물론 20대의 양준일 못지 않게 50대의 양준일만의 스타일로 멋지게 노래와 춤을 선보여 사람들의 시선을 사로잡았습니다. 그런데 또 다른 이유는 사람들의 관심은 20대의 그가 견디어야 했던 '다름'에 따른 차별이었을 겁니다.

재미교포였던 그가 노래에 영어를 너무 섞어 썼다는 이유로, 살짝 풀어진 셔츠에 자유롭게 춤춘다는 이유로 고지식한 사회에서 질타 대상이 되었지요. 정당한 사유도 없이 단지 "너 같은 사람이 한국에 있는 게 싫다"라는 이유로 비자 갱신을 거부당했었다는 사실에 모두가 부끄러웠기 때문일 겁니다. 다름을 틀림으로 보고 인정하지 않았던 30년 전 우리의 모습이 부끄럽고, 재능 있는 청년을 알아보지 못한 것에 대한 미안함이 앞섰을 겁니다.

- 다르다 : 비교가 되는 두 대상이 서로 같지 아니하다.
- 틀리다 : 셈이나 사실 따위가 그르게 되거나 어긋나다.

서로 다르다고 해서 틀린 것이 아닐 텐데, 나랑 다르면 틀렸다고 생각하고 받아들이지 않으려는 태도를 이제야 와서 부끄러워합니다. 30년 전에 알아보지 못했던 가수를 재조명시킨 요즘 아이들. 이 아이들이라고 해서 다른 것을 잘 받아들일까요? 요즘 아이들의 감성에 맞아서 받아들인 것은 아닐까요?

나하고 잘 맞으면 받아들이고 맞지 않으면 무조건 배척해서는 안 됩니다. 특히 글로벌한 세상에서 살아가야 할 우리 아이들에게는 다름을 인정하는 연습이 정말 많이 필요합니다.

관점 바꾸기

관점觀點에 대해 어떻게 생각하시나요? 관점의 사전적 의미를 먼저 살펴볼까 합니다.

관점(觀點)	사물이나 현상을 관찰할 때, 그 사람이 보고 생각하는 태도나 방향 또는 처지
perspective	per(각각의) + spect(=look 보다) 관점(view point), 원근법

결국 관점은 '각자의 방향에서 본다는 의미'로 해석됩니다. '관점'이라는 말 자체가 '무엇에 대한 개인의 견해'로 주관적인 것입니다.

시각장애인이 코끼리를 볼 때 다리만 만지거나, 코만 만지거나, 등만 만지듯 사물을 볼 때 딱 하나의 지점에서만 보게 되면 왜곡이 생겨납니다. 우리의 사고도 한 지점에 머물러 전체를 볼 수 없다면 '생각의 시각장애인'일 수밖에 없습니다.

관점을 바꾼다는 것은 다른 방향에서 바라본다는 것.

김정운 박사는 『에디톨로지』에서 관점을 바꾼다는 것은 단순히 세상을 보는 위치를 바꾸는 것이 아니라고 합니다. perspective의 또 하나의 뜻인 '원근법을 바꾼다'는 의미로, '세상을 구성하는 방식'을 바꾼다는 뜻으로 설명하고 있습니다.

우리가 지금까지 다름을 틀림으로 봤던 것들은 다른 각도에서 바라보면 결코 틀리지 않을 수 있는 것입니다. 틀렸다고 생각했던 것이 다른 각도에서 그저 다를 뿐이라고 생각하게 되는 순간, 세상을 새롭게 구성할 수 있게 됩니다.

그런데 우리는 각자의 방식으로 살아가면서 그 삶의 방식에 고착화되는 듯합니다. 여행이든지, 책을 읽든지, 다양한 형태로 다양한 경험을 하고자 하지만, 일시적인 경험으로는 다름을 인정하고 관점을 다양화하기에는 역부족입니다. 다양한 각도에서 생각해볼 수 있는 시선은 어떻게 만들 수 있을까요?

감사함 찾기 연습

감사일기를 쓰는 이유는 삶을 좀더 풍요롭고 평온하게 하기 위해서 또는 행복하기 위해서 등 사람마다 다양합니다. 이 모든 것을 가져올 수 있는 방법을 찾아야 합니다.

단순히 그냥 감사하다고만 말해서는 관점을 다양화시킬 수 없고, 세상의 감사함이 얼마나 많은지도 인식하기 어렵습니다. 그렇다면 하루에 감사할 일이 얼마나 많은지를 알아차려야 합니다.

하루에 20개 정도의 감사함을 찾는 연습을 한 달만 해보면 압니다. 하루에 20개나 되는 감사가 있다고요? 찾다보면 매일 매일 쏟아지는 감사함에 깜짝 놀라게 될 겁니다. 감사일기를 쓰다보면 사물이나 현상을 보는 눈이 정말 다양해집니다.

감사일기 관점 넓히기 미션

하루 감사함 20개	• 매순간 발생하는 감사를 실시간으로 기록해보기 • 1주일 이상 매일 감사함 20개 찾기
감사 덩어리 나누기	• 작성한 감사일기를 여러 개로 나누어 작성해보기

하루에 감사함 20개 찾기

최소 1주일 정도는 지속적이며 의도적으로 감사함 찾기를 해주면 느낄 수 있습니다. 해본 적이 없기 때문에 어려울 수도 있지만 첫날 감사함 20개를 찾다보면 어느새 쉽게 7일 동안 찾을 수 있습니다.

하루 20개씩 찾다보면 1주일이면 140개의 감사함을 마음에 꽉 채울 수 있게 됩니다. 일상에는 너무도 많은 감사함이 우리를 위해 기다리고 있습니다. 한번 찾아보세요.

- 일상을 나 중심으로 감사함 20개 찾기
- 하루를 사물 중심으로 감사함 20개 찾기
- 시간 중심으로 감사함 20개 찾기
- 다른 이를 중심으로 감사함 20개 찾기
- 공간 중심으로 감사함 20개 찾기
- 나의 몸 중심으로 감사함 20개 찾기

시선을 바꿔보면서 감사함을 찾다보면 하나의 사건을 두고서도 전혀 다른 관점으로 감사함을 찾을 수 있게 됩니다. 감사함을 많이 찾을 수 있는 관점의 변화는 결국 나 자신의 감사에너지 값을 높여줍니다. 감사 에너지가 높아질수록 우리의 삶도 행운을 끌어당기게 됩니다.

감사 덩어리 조각 내기

칼국수를 만들기 위해서 한 덩어리의 밀가루 반죽이 있다고 생각해보세요. 국수를 뽑기 위해서는 여러 개로 조각을 내어야 합니다. 그 조각을 눌러 밀어서 국수를 만들게 되지요.

이렇듯 감사함도 덩어리 상태로 있을 때보다 작은 상태로 나누면 훨씬 쉽고 더 맛나게 먹을 수 있습니다. 감사 조각이 많아질수록 감사 에너지는 커집니다.

〈감사일기 덩어리 예시〉

기차 옆자리에 앉은 예쁜 여성분과 싸온 고구마를 나누어 먹습니다. 그분도 맛난 음식을 주십니다. 주고받는 기쁨 속에 여행이 즐거워집니다. 고맙습니다. 감사합니다. 감사합니다.

위 예시는 감사일기 멘티 분께서 작성한 일기입니다. 좀더 세분화해 감사함을 작성해보도록 코칭을 했습니다. 이 내용이 다시 다섯 가지가 넘는 감사함으로 바뀌었습니다. 감사 덩어리를 여러 개로 잘라, 반죽을 밀면 이렇게 또 새로운 형태로 감사 국수가 되어 나올 겁니다.

찾아보면 한 가지의 상황에서도 많은 감사와 배움이 넘칩니다. 다양한 시선으로 삶을 바라보게 되면 행복은 더 가까이 있음을 알게 됩니다.

〈감사 덩어리를 나눈 감사일기 예시〉

1. 기차 옆자리에 예쁜 여성 분이 앉습니다. 싸온 고구마 하나를 나눠드립니다. 기쁘게 받아 맛있게 먹어주십니다. 감사합니다. 고맙습니다. 감사합니다.

2. 옆 좌석 님이 고맙다고 밝게 인사도 하십니다. 덩달아 기분이 좋습니다. 감사합니다. 고맙습니다. 감사합니다.

3. 옆 좌석 님이 나처럼 고구마 껍질을 까느라 손이 지저분해진 것을 봤습니다. 물티슈도 한 장 건네는 배려를 실천하는 나 자신이 기특합니다. 민감성과 즉시성이 향상됩니다. 감사합니다. 고맙습니다. 감사합니다.

4. 맛있게 드시고는 감말랭이와 버터와플을 선물로 주십니다. 나눔을 나눔으로 순환하는 따스한 분입니다. 그분의 하루에 행운과 감사의 마법가루를 뿌려줍니다. 감사합니다. 고맙습니다. 감사합니다.

5. 기차에서 고구마와 감말랭이가 오고가며 깨닫습니다. 와우! 이 작은 교류로 이름 모르는 낯선 이에게 내가 행운과 축복을 보내다니요! 친절의 힘은 어마어마합니다. 내가 그러하듯 다른 님들도 나의 친절에 나를 무한 축복하고 있나봅니다. 내 삶의 무수한 축복 중에는 다른 님들이 나에게 뿌려주는 무한 축복과 응원이 가득하다는 것을 깨닫습니다. 감사합니다. 고맙습니다. 감사합니다.

연결된 감사 찾기

이 세상 최초의 인간이었던 아담은 빵을 먹기 위하여 얼마나 많은 일을 했을까? 먼저 밭을 갈아 씨를 뿌리고, 그런 뒤 그것을 가꾸어 거두어들여서 빻아 가루로 만들고, 반죽하고, 굽는 등 15단계의 과정을 거치지 않고는 안 되었을 것이다.

그러나 지금은 돈만 있으면 빵집에서 만들어놓은 빵을 손쉽게 살 수 있다. 옛날에는 혼자서 해야 했던 15단계의 일들을 여러 사람이 나누어 하고 있기 때문이다. 그러므로 빵을 먹을 때는 많은 사람들에게 감사하는 마음을 잊으면 안 된다.

　　최초의 인간은 입을 옷 하나를 만들기 위하여 얼마나 많은 일을 해야 했을까? 들에 가서 양을 사로잡아 그것을 키워 털을 깎고, 그 털로 실을 만들어 옷감을 짜고, 그것으로 다시 옷을 지어 입기까지는 많은 수고가 필요했을 것이다.

　　그런데 지금은 돈만 있으면 양복점에서 마음에 드는 옷을 사 입을 수 있다. 옛날에는 한 사람이 해야 했던 많은 일들을 여러 사람이 나누어 하고 있기 때문이다. 그러므로 옷을 입을 때는 많은 사람들에게 감사하는 마음을 잊어서는 안 된다.

　　『탈무드의 지혜』에 나오는 글입니다. 이 글을 인용해 자녀와 함께 감사 찾기를 해보면 좋겠습니다. 어린 자녀의 경우 감사한 것을 찾을 때는 딱 눈에 보이는 현상만을 찾으려는 경향이 있습니다. 연결된 감사를 찾기가 어렵습니다. 부모님께서 예시로 연습을 함께 해주면 좋겠습니다.

　　일이 일어난 상황의 전 단계를 찾아 감사하는 릴레이 놀이를 해주세요.

- 샤워할 때 따뜻한 물이 나와서 감사합니다.

  → 우리집에 보일러가 있어 고맙습니다.

  → 보일러를 만들어주신 기사님 고맙습니다.

  → 보일러를 살 수 있었던 부모님의 돈에 감사합니다.

  → 물이 나올 수 있는 시설이 되어 있어 감사합니다.

이렇게 찾아가다보면 10개도 넘게 찾을 수 있습니다.

글쓰기 & 감사일기

"글을 잘 쓰고 싶어요. 어떻게 하면 될까요?"

"감사일기를 쓰세요, 아, 그리고 책을 읽으세요."

간혹 저에게 글을 잘 쓰고 싶다고 물어보는 분이 있으면 그냥 이렇게 툭 던지듯 대답을 합니다. 다들 농담처럼 여기는 듯합니다.

책만 읽는다고 글이 나오지는 않습니다. 읽기와 쓰기는 언어의 영역으로 같은 듯하지만 또 다른 영역입니다. 말하기를 잘해도 글쓰기는 안 되는 경우도 많습니다. 그런데 매일 다양한 관점으로 감사일기를 작성하게 되면 세상을 보는 시야가 넓어지지 않을 수 없습니다.

세상을 보는 관점이 다양해지고 마음을 담아내는 글쓰기 연습이 되기 때문입니다. 글쓰기에도 도움이 되는 감사일기 쓰기를 함께 해보시는 건 어떨까요?

How to size up 16

1. `하루의 감사한 일` 릴레이 대화
   잠자리에 들기 전, 부모님이 하루 동안 감사한 일을 먼저 하나 이야기하고 그 다음은 자녀가 이야기하도록 합니다.

2. `주제별 감사함` 깨달음에 감사하기
   - 분노, 화, 슬픔 등 부정적인 감정이 일어날 때는 그것을 있는 그대로 바라보고 난 후에 깨달음으로 감사합시다.
   - 세상의 모든 일이 나에게 깨달음을 주는 것을 알아채고 감사합시다.
   - 사소한 말 한마디에도 깨달음이 있음을 알고 놓치지 말고 감사합시다.
   - 다른 이의 행동이 나에게 주는 깨달음을 알고 감사합시다.
   - 주위 사물이 주는 소리, 형태, 상황에도 깨달음을 찾고 감사합시다.

3. `감사일기` 감사일기를 쓴다고 해서 힘든 일이나 스트레스 받는 일이 없어지는 것은 아닙니다. 하지만 상황을 유연하게 받아들이고 현명하게 대처할 수 있도록 도와줍니다. 고맙습니다. 감사합니다. 감사합니다.

나의 일상 속 사물 중심으로
감사함 20개 찾기

전수형

1. 우리 집 내 침대가 나를 제일 편하게 안아줍니다. 밤새 나를 안아준 침대에게 감사합니다. 고맙습니다. 감사합니다.

2. 사랑이가 태어나자마자 늦둥이에게 안 좋다고 꼬셔서 산 인덕션은 나의 요리 시간 단축과 요리 후 뒷정리를 쉽게 해줍니다. 가족들을 위한 건강한 요리를 열심히 만들어줍니다. 그렇게 많이 써도 전기요금도 적게 나옵니다. 타이머 기능이 있어 태움과 넘침을 방지해 줍니다. 도구 없이 바로 위에서 오징어도 굽고 고기도 구울 수 있습니다. 가스 냄새가 나지 않아 너무 좋습니다. 집안에 나쁜 냄새도 빨아들입니다. 적다보니 끝이 없네요. 감사합니다. 고맙습니다. 감사합니다.

3. 우리 집 생선구이 담당인 프라이팬은 눌러 붙으면 절대 안 됩니다. 사랑이와 신랑님이 제일 좋아하는 생선을 매일 구워줄 수 있습니다. 감사합니다. 고맙습니다. 감사합니다.

4. 우리 집엔 매일 하루도 안 쉬고 돌아가는 기계들이 참 많습니다. 식구가 많아 하루에 몇 번이나 돌아간 적도 많습니다. 결혼 22년 차인데 세탁기를 세 개째 바꾸고 사랑이가 태어나면서 산 삶는 세탁기까지 네 대를 흐미~~ 세탁기 없는 시대에 태어났더라면 난 하루 종일 빨래터에서 빨래하다가 죽었을지도 모릅니다. 감사합니다. 고맙습니다. 감사합니다.

5. 요리도 좋아하고 요리를 배우면서 냄비를 많이도 샀습니다. 다양한 냄비들로 국도 끓이고 볶음도 하고 삶고 조리기도 합니다. 다양한 요리법을 적용할 수 있는 냄비들이 있어서 감사합니다. 고맙습니다. 감사합니다.

6. 조리 도구의 때를 빡빡 씻어주는 여러 종류의 수세미와 스테인리스 냄비를 빛나게 해주는 세제 덕분에 우리 집 조리 도구는 반짝반짝 빛이 납니다. 감사합니다. 고맙습니다. 감사합니다.

7. 내 기분과 요리 종류에 따라 세팅할 수 있는 그릇들이 다양합니다. 어느 날 필을 받으면 그릇들을 꺼내 보기 좋게 세팅합니다. 보기 좋으니 더 맛있어집니다. 감사합니다. 고맙습니다. 감사합니다.

8. 우리 신랑님이 제일 아끼는 식탁입니다. 가족들이 다 모여 식사도

하고 알코올 타임도 가지고 가족회의도 하고 하브 수업도 하고 동네아줌마들 수다용도 되고 수업 준비도 하고 책도 읽는 만능입니다. 감사합니다. 고맙습니다. 감사합니다.

9. 하브 수업 아이들의 놀이터가 되기도 하고 사랑이가 책 읽는 곳이기도 하고 내가 잠깐씩 낮잠 자는 곳이 소파입니다. 텔레비전이 안방에 있어 사용빈도가 적어 아직 가죽 상태도 좋습니다. 감사합니다. 고맙습니다. 감사합니다.

10. 스마트폰, 이거 없으면 우짤까요? 큰일입니다. 나의 모든 걸 지켜주고 간직해주고 알려줍니다. 감사합니다. 고맙습니다. 감사합니다.

11. 나의 발이기도 합니다. 어디든 갑니다. 뭐든 실어줍니다. 우리 식구들, 지인들 다 환영해줍니다. 밥은 항상 50L씩 줍니다. 이 아이의 밥은 신랑님 법인 카드로 결제합니다. 내가 가고자 하는 목적지는 어디든 데려다줍니다. 힘도 참 좋습니다. 11년 차 끄떡없이 달렸습니다. 나의 애마여~ 감사합니다. 고맙습니다. 감사합니다.

12. 장마여 걱정마라. 살균이여 걱정마라. 꿉꿉함이여 걱정마라. 세제 찌꺼기랑 먼지여 걱정마라. 건조기가 책임집니다. 없으면 안 될 상위권 품목입니다. 완전 사랑합니다. 감사합니다. 고맙습니다. 감사합니다.

13. 우리 집 공기와 냄새 담당입니다. 방귀 뀌면 터보엔진으로 돌아갑니다. 참 똑똑합니다. 공기청정기에게 감사합니다. 고맙습니다.

감사합니다.

14. 바다와 가까이 있어 구입한 제습기입니다. 안방 욕실과 드레스룸 사이에 자리잡고 풀가동됩니다. 곰팡이 걱정 없고 습기조절도 잘 합니다. 물이 차면 물 비워주기 전까진 꼼짝도 안 합니다. 애교쟁이라며 물을 비워주면 잘 돌아갑니다. 감사합니다. 고맙습니다. 감사합니다.

15. 하브 수업에서 북아트를 할때 싹둑싹둑 원하는 모양대로 잘라주는 가위입니다. 키친 가위는 도마 씻기 싫어 간단하게 그릇에 놓고 자를 때도 참 요긴합니다. 감사합니다. 고맙습니다. 감사합니다.

16. 청소기를 밀기 싫을 때 꼭 필요한 부직포 청소포는 먼지랑 머리카락을 자기 몸에 착착 붙입니다. 물 뿌려 닦으면 바닥에 광이 납니다. 간단하게 청소기 대용으로 참 잘 사용합니다. 몇 번 빨아도 괜찮습니다. 감사합니다. 고맙습니다. 감사합니다.

17. 위이잉~~~ 아침마다 건강 음료를 만들어주어 가족의 건강을 책임지는 믹서기는 뭐든 갈아줍니다. 얼음도 문제없이 갈아줍니다. 호박 라떼, 바나나, 아로니아, 선식이나 미숫가루, 각종 주스를 책임집니다. 감사합니다. 고맙습니다. 감사합니다.

18. 요즘 일회용품 줄이기에 큰 역할을 합니다. 시원한 건 시원하게, 따뜻한 건 따뜻하게 유지시켜주고 다양한 색깔과 디자인으로 이쁘기까지 합니다. 텀블러에 감사합니다. 고맙습니다. 감사합니다.

19. 입 안의 상쾌함과 청결과 입냄새를 책임지고 있는 칫솔과 치간 칫솔이 있어 자신 있게 옆사람과 이야기도 할 수 있습니다. 감사합니다. 고맙습니다. 감사합니다.

20. 식물인 초록이와 예쁜이의 향기를 많이 사랑하고 좋아합니다. 물주기 편하게 물 조리개가 있어 거실 바닥에 물이 흐르지 않게 도와줍니다. 감사합니다. 고맙습니다. 감사합니다.

이렇게 많은 감사함이 있다는 걸 알게 한 오늘의 감사일기 감사합니다. 고맙습니다. 감사합니다.

[감사일기 시크릿 6]
아이들의 꿈을 스케치할 시간

감사요청일기로 꿈은 자연스럽게 스케치되고,
처음에는 희미하지만 어느새 선명하게 나타나 채색할 준비를 마치게 됩니다.

미리 감사하기

미리 고맙습니다? 어떨 때 우리는 미리 감사함을 전하게 될까요?

누군가로부터 도움을 얻게 될 때 감사인사를 해야 할 곳이 있다면 우리는 미리 인사하게 될 겁니다. 감사일기를 쓸 때 미리 감사함을 요청하는 감사일기를 작성합니다.

감사를 요청한다구요? 네, 내일 자신이 해야 할 일을 다 이루었다고 생각하고 미리 감사하다고 말하는 것입니다. 사소한 일부터 공부할 것, 업무 관련, 미래의 소망까지 미리 다 이룬 것처럼 감사함을 표현하는 일기입니다. 만약 준비물을 챙겨야 하고, 방을 대청소해야 하고, 은행 업무를 보러 가야 한다면 감사요청일기, 즉 미리 감사함을 작성할 수 있습니다.

- 준비물을 꼼꼼히 챙겨 갈 수 있어 고맙습니다.
- 방의 책장과 화장대의 먼지까지 말끔히 털어내어 청소합니다. 고맙습니다.
- 은행에 대기자가 없이 신속하게 예금 업무가 잘 이루어집니다. 시간의 행운 고맙습니다.

감사를 요청할 때는 마치 다 이룬 것처럼 상상하며 감사함을 담고 글을 작성하는 것이 좋습니다. 내일이나 미래에 대한 글이지만 마치 현재에 이루어지고 있는 것처럼 현재 시제로 작성합니다. "청소할 겁니다"가 아니라 "청소합니다", "잘 이루어질 겁니다"가 아니라 "잘 이루어집니다"로 작성하는 것이 좋습니다.

이루어진 것도 아니고 미래에 어떻게 일이 진행될지도 모르는데 미리 감사함을 표현했다가 생각대로 이루어지지 않으면 어떻게 하겠느냐고 반문하실 수도 있습니다. 이루어질 수도 있고, 이루어지지 않을 수도 있습니다. 확률은 어차피 반반입니다. 그런데 제가 감사요청일기를 작성하고보니 90% 이상의 확률로 이루어졌습니다.

그게 가능하냐고요? 감사요청일기를 작성할 때는 내일 할 일에 대한 감사, 하고 있는 일에 대한 감사, 소망에 대한 감사에 관한 것이 대부분입니다. 그러니 당연히 거의 다 이루어지는 것이지요.

그리고 '미리 감사함'을 글로 작성하다보면 앞서 말한 '메모' '기록'과 같아서 내가 잊어버려도 다시 기억하고 실행할 수 있도록 도와줍니다. 미래에 대한 미리 감사함의 기록이 실행력을 가져와서 이루어지게 되는 것입니다.

'무엇이 보이는가?'가 아니라 '어떻게 보는가?'입니다. 어떤 상황이 발생하면 그것을 누구나 볼 수 있습니다. 그러나 그것을 어떻게 해석하고 바라보는가는 사람마다 다릅니다. 어떻게 봤는가에 따라 주어진 결과는 달라집니다. 감사를 요청하지 않는다고 해도 다음날 일어날 일은 일어납니다. 해야 할 일은 해야 합니다.

감사함을 가지고 보게 되면 그 일은 더 열심히 하게 될 것이고, 즐거운 마음으로 완료하기 위해 다가가게 될 것입니다. 그 일을 감사한 마음으로 보는 것이 미리 준비되어 있다면 평온한 마음으로 다가가게 될 것입니다. 다가올 미래는 이미 손 안에 들어와 있게 되는 겁니다.

꿈을 스케치하는 시간, 감사요청일기

감사요청일기에는 내일 해야 할 일만 작성하는 것이 아닙니다. 이루고 싶은 것, 소망하는 것을 작성해나갑니다. 이것이야말로 바로 꿈을 설계하고 시각화하며 스케치하는 시간입니다.

'버킷리스트'를 작성해본 적이 있나요? 죽기 전에 꼭 해봐야 할 것이라는 의미로, 2007년 〈버킷리스트〉라는 영화가 개봉되면서 널리 쓰이는 말이 되었습니다. 주인공은 자신이 작성한 소망 리스트를 이루기 위해 노력합니다.

이러한 소망 리스트를 작성하다보면 자신이 좋아하는 걸 발견하게 되고, 삶의 방향성을 찾게 되는 효과가 있습니다. 그리고 막연한 것이 아니라 구체적인 꿈에 도전하고 이루어가면서 만족도가 높아져 행복감을 주게 되는 리스트입니다. 버킷리스트라는 말 대신에 소망 리스트, 꿈의 노트 등이 사용되기도 합니다.

각 분야에서 성공한 사람들이 가지고 있다는 꿈의 노트, 버킷리스트에는 그들이 하고 싶은 것, 가지고 싶은 것, 이루고 싶은 것들이 작성되어 있습니다. 그들의 꿈의 노트, 버킷리스트에는 꿈의 이미지가 결코 과거에 안주하지 않고 현재 진행형으로, 미래 지향적으로 움직입니다. 그들의 삶은 언제나 활기차고

날마다 기록할 것들로 넘쳐납니다. 날마다 새로운 꿈들이 펼쳐지고 늘어납니다.

꿈의 노트와 관련해 대표적인 인물이 '존 고다드'가 아닐까 합니다. 그가 10대에 작성했다는 꿈의 노트에는 하고 싶은 것부터, 가고 싶은 곳, 그 당시로는 이루어질 수 없어 허황되다고 생각되는 것, 달나라 가보기까지 다양하게 무려 127개나 적혀 있습니다. 그런데 그의 꿈은 하나씩 실현되어가고 꿈은 점점 늘어나 500여 개까지 만들어집니다.

"하고 싶은 게 뭐가 그리 많은가? 인간이 욕심이 많아서 그래. 너무 많은 것을 원하는 것은 나쁜 일이야."

누군가는 이렇게 말할지도 모르겠습니다. 하지만 욕심을 내고 원하는 것이 있는 것이 무감정이나 무기력보다는 훨씬 낫다고 생각합니다. 인간으로 살아가면서 무언가를 하고 싶다는 생각을 가진다는 것은 좋은 일입니다. 인간은 욕구를 충족하면서 살아가고 싶어 합니다.

그런데 여기서 우리가 주목해야 할 것은 그 욕구를 어떤 방향으로 실현하는지입니다. 꿈의 노트를 행복한 욕구의 실현이 되도록 바꾸는 일이 필요합니다. 자녀의 욕구를 억누르기만 할 것이 아니라 본인도 행복하고, 사회적으로도 정당한 욕구들로 성장할 수 있도록 해주는 일이 필요합니다.

그러면 어떤 방법으로 나아가야 할까요? 꿈의 노트를 단순한 욕심이 아닌 '삶의 목적, 목표가 있는' 상태로 바꿔주면 됩니다. 감사요청일기에 그 해답이 있습니다.

감사요청일기는 꿈의 노트와 같은 효과가 있습니다. 두 개의 차이점은 세상에 대한 감사가 녹여져 있는가와 없는가의 차이입니다. 자신의 소망을 이루는 것에 대한 감사함을 작성한다면, 결코 의식의 수준 아래로 떨어지지 않을 겁니다. 꿈의 노트 대신 이제는 감사요청일기를 작성해보는 것은 어떨까요?

꿈의 부익부 빈익빈 ≒ 현실 삶의 부익부 빈익빈

꿈의 부익부 빈익빈 현상이 결국 현실의 삶에서 부익부 빈익빈 현상으로 나타나는 것은 아닐까 하는 생각을 해봅니다.

"우리 아이는 꿈이 없는데 어쩌지요? 꿈에도 부익부 빈익빈 현상이 나타난다고 하니 걱정이 앞섭니다."

아이가 오늘 당장 꿈이 없다고 초조해할 필요가 없습니다. 평생 꿈이라는 것을 가지지도 못한 채 살아가는 사람들도 많습니다. 없다는 것 자체를 인식하지 못하는 것이지요. 가져야겠다는 생각조차 하지 않는 사람들도 있습니다. 그런데 이제 인식을 했다면 그것만으로도 감사할 일입니다. 감사요청일기 작성은 꿈이 없다고, 하고 싶은 것이 없다고 생각하는 이들도 쉽게 시작할 수 있습니다.

'내일 해야 할 일부터, 작은 것부터 하나씩!'

처음에는 내일 일에 대한 감사 하나를 작성하는 것으로부터 시작해, 가까운 시일 내에 소망하는 것, 몇 년 뒤에 이루어고 싶은 것들을 하나씩 추가해 매일 작성해나가면 됩니다.

감사요청일기는 기도와 같습니다. 스스로 자신에게 기대나 암시를 통해 목표를 성취하도록 하는 자성적 예언이 됩니다. 누군가 앞에서 꼭 소리쳐 외치지 않아도 매일 자신을 향한 따뜻한 시선과 위로 그리고 응원의 소리를 듣고 있기 때문입니다. 지속적이고 반복적으로 기록되는 감사요청일기는 실행력을 가져다주고, 결국 감사함으로 되돌려 받게 됩니다.

감사요청일기로 꿈은 자연스럽게 스케치되어 처음에는 희미하지만 어느새 선명하게 나타나 채색할 준비를 마치게 됩니다. 자신은 물론 자녀의 꿈을 감사함으로 스케치해보지 않겠습니까?

1. **하루의 감사한 일** 릴레이 대화

   잠자리에 들기 전, 부모님이 하루 동안 감사한 일을 먼저 하나 이야기하고 그 다음은 자녀가 이야기하도록 합니다.

2. **주제별 감사함** 꿈과 소망이 있음에 감사하기

   - 자신이 이루고자 하는 일에 대하여 미리 요청해 감사합시다.
   - 다른 이의 소망에도 감사합시다. 다른 이의 소망이 나의 소망이 될 수 있음을 알고 감사합시다.
   - 매일 반복되는 일에도 소망하고 감사합시다.
   - 일상에서 일어나는 일에 가치를 부여하고 꿈과 소망을 가짐에 감사합시다.

3. **감사일기** 아이들과 더 많이 교감하고 긍정적으로 영향을 주고, 아이들이 더 멋진 꿈을 꿀 수 있도록 도울 수 있음에 고맙습니다. 감사합니다. 고맙습니다.

감사일기는 자녀에게 주는 가장 큰 보물

민재 엄마(김미정)

한 권의 책은 인생을 바꿉니다. 저에게는 양경윤 작가님의 『한 줄의 기적, 감사일기』라는 책이 바로 그런 도끼와 같은 책이었습니다. 2014년에 작가님을 알게 되어 그때부터 지금까지 감사일기를 5년째 적으면서 더 풍요롭고 평온한 삶을 살게 되었습니다. 감사일기를 처음 접할 당시 8세와 6세였던 딸과 아들은 벌써 6학년과 4학년이 되었습니다.

'감사일기가 우리 딸과 아들에게 미친 영향은 무엇일까?'를 생각해보니 단번에 답이 딱 떠오르지는 않습니다. 하지만 우리 아이들이 어떤 아이로 자라났는지 살펴봅니다. 잘 웃고, 작은 것에도 감사하며, 누구보다 자기 자신을 사랑하는 자존감이 강한 아이로 성장해 있었습니다.

6학년인 딸은 친구들이 뽑은 가장 모범적인 어린이가 되었고, 4학년인

아들은 생글생글한 미소에 성격이 좋아 모든 친구들의 사랑을 받는 아이로 자라 있었습니다. 그리고 둘 다 글을 잘 쓰고 자기 생각도 잘 표현합니다. 제가 해준 것은 아무것도 없는 것 같은데 둘다 잔소리할 것이 하나도 없을 정도로 생활을 잘합니다. 자기 주도적으로 계획을 세워서 공부를 하고, 둘이서 시도 쓰고, 작곡도 하며 마음이 올곧은 어린이로 자라주고 있어서 고맙고 또 고맙습니다.

이렇게 아이들이 바르게 잘 자란 이유가 무엇이었을까요? 아이들은 매일 감사일기를 쓰진 않았지만 제가 감사일기를 쓸 때마다 관심을 보였습니다. 그리고 강요하지 않았지만 가끔씩 일기장이나 공책에 감사일기를 적곤 했습니다.

특히 딸아이의 옛날 일기장을 살펴보니 1학년 때부터 꾸준히 감사일기가 나옵니다. 작지만 한 줄의 감사일기를 적는 습관이 따스한 햇살처럼 우리 아이들을 쑥쑥 자라나게 해준 듯합니다.

특히 감사요청은 내일을 계획하는 습관과 뭐든지 잘할 수 있다는 믿음을 아이들에게 주었습니다. 줄넘기 대회 전날이면 침대에 누워 "나는 줄넘기 대회에서 실력을 잘 발휘합니다. 고맙습니다"라고 말합니다. 그리고 "엄마, 엄마 감사일기 적을 때 감사요청 한 줄 넣어 주세요"라고 말하며 편안하게 잠이 드는 아이였습니다. 그렇게 자고 일어나면 아이들은 자신감으로 에너지가 충전되었습니다. 감사일기는 아이들에게 성실한 삶의 태도와 아이의 자존감 향상에 밑거름이 되었습니다.

감사일기를 아이들에게 강요하지 않아도 엄마가 감사일기를 쓰기 시작하니 가정에서 사용하는 언어가 달라졌습니다. "~하지 마라"는 잔소리는 사라지고, "고마워!" "감사합니다"라는 따뜻한 말로 우리 집이 가득 찹니다.

5년 동안 감사일기를 쓰며 1학년이던 딸 예진이는 6학년이, 유치원생이었던 고집쟁이 민재는 잘 웃고 창의적인 4학년이 되었습니다.

이렇게 아이들이 밝고 잘 자라게 해준 밑거름이 된 감사일기는 그 어떤 보석보다 빛나는 보물입니다. 감사합니다. 고맙습니다. 고맙습니다.

감사 꼬마 마법사가 된 나

11세 김민재(전안초)

나는 감사일기를 매일 적진 않는다. 하지만 초등학교에 들어가기 전부터 엄마가 감사일기를 적어서 가끔씩 나도 쓰기 시작했다. 감사일기를 쓰기 시작한 날부터 내 인생은 자유로워졌고 놀라운 이야기가 펼쳐졌다.

감사일기를 쓰기 전의 나는 유치원에서 다른 친구들처럼 그냥 평범한 아이였다. 아니, 어른들이 좀 개구쟁이라고 했다. 하지만 감사일기를 쓰기 시작한 날부터 나는 얼굴에 '감사'라고 씌어 있었다. 1학년 때는 다른 아이들보다 호기심과 예의가 뛰어났고, 다른 사람들에게 사랑을 많이 받았다. 2학년이 되자 시간만 있으면 게임을 하는 친구들에 비해 나는 인성, 공부, 성실성에서 점점 차이가 났다. 말투와 표정 등에서 모든 것이 달라졌다. 뭐든지 감사하다고 생각하고 생활하자 인성은 급이 다르게 좋아졌고, 성실해서 선생님들도 나를 좋아해주셨다.

그 뿐만이 아니다. 나는 감사요청을 하면서 매번 놀랐다. 왜냐하면 겨울에 제주도에 갔을 때 눈이 보고 싶어서 "눈이 펑펑 옵니다. 감사합니다. 감사합니다. 감사합니다"라고 적었더니 제주도에 폭설이 내렸다. 정말 신기했다. 그리고 줄넘기 대회가 있을 때면 열심히 연습을 했고, 그 전날 감사요청을 하고 잤다. 그러면 신기하게도 대회 때 안 떨리고 자신 있게 내 능력을 펼쳐서 상을 받게 되었다. 이런 적이 한두 번이 아니다. 감사일기는 내 자신을 믿게 해주는 컨트롤 장치이다.

그리고 나는 학교에서 꼬마 감사 마법사가 되었다. 육상대회 전에 내 친구가 나에게 달리기 대표가 되게 빌어달라고 했다. 나는 워낙 친한 친구라서 감사요청을 했다. 그랬더니 정말로 태현이가 육상대회 대표가 되었다. 그 뒤 다른 친구들도 나에게 감사요청을 해달라고 부탁을 했다. 그래서 나는 착한 아이들 소원만 들어줬다. 그런데 정말 다 이루어져 난 감사 마법사가 되었다. 또 나는 소심한 아이들을 자유롭게 만들어줬다. 소심한 친구들과 놀이터에서 함께 놀며 나의 감사일기에 대한 이야기를 해줬더니 친구들은 마음이 편안해진다고 했다.

감사일기는 내 인생에 있어서 알라딘 요술램프의 지니와 같다. 소원이 뭐든지 이루어지게 하고, 내 자신을 믿게 만드는 마법을 부리기 때문이다.

유용한 것이든, 해로운 것이든
부모로부터 자녀에게 무차별적으로
전해지는 '밈' 현상.

'감사함'으로 만들어지는
행복한 가정은 다 비슷합니다.
'감사함'으로 부모도 size up이 되어야 합니다.

시크릿 4

‘감사함’으로
부모의 사이즈를 키워라

부모가
된다는 것

부모는 부모라는 존재 이전에
한 개인으로서 어른, 한 존재로서의 개인입니다.

무지한 부모

"또 20점이야."

초등학교 입학을 하고 1학년 동안 학교생활을 잘 따라가고 있다고 생각했던 딸아이가 2학년이 되면서 받아쓰기를 하면 늘 20점이었습니다.

1학년 담임 선생님은 다음날 받아쓰기 할 내용을 미리 보내 주셔서 연습을 통해서 다음날 시험을 어느 정도 칠 수 있었습니다. 그러다보니 성실했던 저의 딸아이는 열심히 숙제를 했고, 그 결과 100점을 받아보지는 못했어도 70~80점 정도는 받을 수 있었습니다.

그런데 2학년이 되자 선생님은 국어 교과서의 일정 부분을 안내만 해주고 그냥 받아쓰기를 했습니다. 그러자 제 딸아이의 문자 체계 오류가 드러나기 시작했습니다.

딸아이의 학습적인 문제는 받아쓰기에서만 나타나는 것이 아니었습니다. 덧셈과 뺄셈도 제대로 되지 않았고, 구구단도 잘 외우지 못했습니다.

초등학교 교사인 저로서는 도무지 제 딸아이가 이해가 되지 않았습니다. '어떻게 저렇게 이해가 안 될까? 타고날 때부터 머리가 나쁜 건 아닐까? 태어날 때 문제가 있었는데 혹시 그때 뇌가 손상된 것은 아닐까?' 딸아이를 보면서 오만 가지 생각이 다 들었습니다.

사실 이렇게 될 때까지 저는 딸아이가 엄청 똑똑하고 천재라고 생각하고 있었습니다. 하하하~ 알고 보니 모든 부모가 3~7세 사이의 자식을 보고 있으면 천재라고 느낀다고 하더라고요. 가장 습득력이 좋은 시기, 세상의 모든 것을 받아들이는 시기에 있는 아이들의 시냅스는 매일 새로 만들어지고 있기 때문입니다.

아이들은 그냥 크는 줄 알았습니다. 그냥 배우고, 저절로 크는 줄 알았습니다. 답답한 마음에 글자를 가르치다가, 덧셈과 뺄셈을 가르치다가 딸아이에게 꿀밤을 주곤 했습니다. 안 그래도 학습적인 문제에 있어서 자신 없어 하는 아이에게 의욕을 불러일으키지는 못할망정, 꿀밤이라니요. 참으로 무지한 엄마였습니다.

"괜찮다, 다 괜찮다"는 공허한 메아리

초등학교 1학년까지는 괜찮았던 아이가 2학년이 되면서 스트레스 때문인지 손톱을 물어뜯어 다 닳아 없어졌고, 주눅이 들어 있었습니다. 7세가 되면서 동생도 한글을 다 떼고 문자 체계에 익숙해져서 20점을 받아온 누나의 받아쓰기 공책을 보고 비웃기 시작했습니다. 2살 터울의 남동생은 누나에 비해서 습득력이 훨씬 빨랐습니다.

딸은 다른 사람들이 굳이 동생과 비교하지 않아도 스스로 비교하고 스트레스를 만들고 있었습니다. 또한 친구들과 비교해도 자신은 공부 못하는 아이, 바보라고 느끼는 듯했습니다. 낮은 학업 성취도가 딸아이의 자긍심, 자존감을 갉아먹고 있었습니다.

주눅 든 딸아이를 보면서 위로의 말들을 전해주었습니다.

"공부 못해도 괜찮다. 조금 지나면 점점 좋아질 거다. 공부는 하면 된다. 성적은 중요한 것이 아니다. 너의 마음만 편안하고 건강하면 된다." 이렇게 말하고 있지만 정작 나의 마음은 어떠했을까요?

솔직히 딸아이는 제 말이 공허한 메아리라는 것을 직감적으로 알고 있었을 겁니다. 말과 다른 나의 표정과 말투, 그 뉘앙스들이 그대로 전달되었을 겁니다.

나의 기대를 충족하지 못하는 딸아이에 대한 분노로 자녀의 교육에는 별 관심이 없었던 남편에게 화를 내곤 했습니다. 이성적으로는 괜찮은 것이었으나 감정적으로 주체하지 못하는 불안과 분노 그리고 욕심들이었습니다.

내 욕구와 외부 세계의 충돌을 인정하지 못한 젊은 날의 저의 모습입니다. 저는 '부모'라는 이름의 성장, '부모'로서 size up이 실로 필요했었습니다.

부모이기 이전의 존재

'부모'라는 것이 무엇일까요? 나라는 사람은 부모라는 존재 이전에 한 개인으로서의 어른입니다. 나라는 사람은 한 존재의 개인입니다. 성인이 되어 삶을 살아가는 행동방식, 살아온 성장 과정, 살아가면서 느끼는 다양한 욕구들이 하나의 덩어리로 만들 어져 있습니다.

나라는 사람이 어른이 된다는 것은 내가 처한 곳, 현재 감정 과 생각을 아는 것입니다. 이것이 아이와 다릅니다. 아이들은 마냥 재미있고 즐거운 존재입니다. 자신의 감정과 자신의 능력 을 알아차리고 갈 방향을 찾는 것이 삶이라고 할 때, 자기 자신 을 알아차리는 것에서 어른으로서의 삶이 시작된다고 할 수 있 습니다.

'자신을 안다'는 것은 다양한 표현으로 불립니다. 우리는 '자 각'이라고 부르기도 하고, 불교적 용어에서는 '알아차림'이라고 하기도 하며, 인지 심리학에서는 '메타 인지'라고 하기도 합니 다. 자각이든, 알아차림이든, 메타 인지라고 말하든지 간에 그 모든 것이 자기 자신을 객관적으로 바라볼 수 있는 시각입니 다. 한 발자국 떨어져서 옆에서, 위에서, 아래에서, 뒤에서, 여러 시선에서 볼 수 있는 힘이 있어야 합니다.

그런데 부모는 어른이면서 동시에 자녀와의 관계에 있는 사 람이기 때문에 어른이 먼저 되어야 합니다. 그래서 자기 자신 을 먼저 아는 것이 부모로서도 시작인 것입니다.

부모라는 존재

설령 자기 자신의 감정을 잘 인식하고, 삶의 방향이 명확하게, 자신의 능력껏 살아간다고 하더라도, 부모라는 존재가 되면 그게 참 어렵습니다. 그러면 부모로서 살아간다는 것은 무엇일까요?

또 다른 어른이 어른을 만드는 과정이라고 생각합니다. 자녀에게 자신이 성장한 것과는 또 다른 삶을 보여줘야 하기 때문이지요. 그래서 어려운가 봅니다. 자녀에게 '나'이면서 '내'가 아닌 삶을 보여주고 성장을 도와줘야 하니까요.

부모로서의 size up은 진정 무엇이 되어야 할까요? 어른이라는 자신의 세계를 넘어서려고 자녀를 좋은 학교, 좋은 학원에 보내려고 하고 외국으로 나가서 새로운 문물을 접하게 하고자 합니다. 이것은 활동반경의 size up이 될 수 있을 겁니다.

다들 활동반경의 사이즈 업을 위해 아이들을 조기 유학을 보내기도 하고, 부모가 아예 이민을 가기도 합니다. 그런데 과연 진짜 size up이 되었을까요? 외국으로 보내고 좋은 학교만 보내면 해결될 수 있을까요?

부모는 더 넓은 세상, 작은 어항이 아니라 수족관, 아니 큰 강으로 자녀를 보내어 성장시키고 싶어 합니다. 그러나 외적인 문제를 갈망하다보면 정작 중요한 내적인 문제를 놓치기도 합니다. 부모라는 이름으로 외부의 사이즈를 크게 만들어서 아이들에게 보여주려고 합니다. 그러나 바깥만이 아니라 내부도 사이즈를 키워야 합니다.

부모님들은 외부 세계에 너무 치중해 정작 중요한 내부를 보는 법을 알려주지 않습니다. 실제는 안과 밖을 동시에 보여줄 수 있어야 하는데, 그것이 참으로 어렵습니다. 부모의 철학을 공유하고 전해줘야 하는데, 외적인 것을 강화하다보니 대화할 시간이 부족하고, 또 대화하는 법을 몰라서 부모의 마음을 보여주기가 어렵습니다. 안을 보여주려면 관계가 밀접하거나 깊지 않으면 어렵습니다.

대물림되는 것들

우리가 주로 부모님으로부터 대물림받는 것은 외적인 요소가 많습니다. 경제적 부가 대표적이지요. 부의 세습을 통해 이루어지는 대물림 현상을 우리는 제일 우려합니다. 그러나 그 속에서도 그 대물림받은 부를 어떻게 유지하고 증가시키는지를 배운 사람은 여전히 부를 대물림하지만, 유지하는 법을 배우지 못한 사람은 대물림하지 못합니다.

부모가 무엇을 제공해주었는가에 따라 결과는 달라지지요. 부모가 제공해주고 있는 사이즈가 바로 아이의 사이즈를 만드는 대물림입니다. 부모가 제공해준 것이 물질적 풍요뿐일까요?

'밈' 현상이라고 들어보셨나요? 인터넷상에 재미난 말을 적어 넣어서 다시 포스팅한 그림이나 사진을 밈meme이라고 말합니다. 이러한 재미있는 포스팅은 순식간에 퍼져나가지요.

그런데 이 '밈'은 유전자처럼 개체의 기억에 저장되거나 다른 개체의 기억으로 복제될 수 있는 비유전적 문화요소 또는 문화의 전달 단위입니다. '밈'은 영국의 생물학자 리처드 도킨스Richard Dawkins의 저서 『이기적 유전자The Selfish Gene』에서 소개된 용어입니다.

'밈'은 우리에게 유용한 것이든, 아무런 영향이 없는 것이든, 심지어 해로운 것이든 상관없이 무차별적으로 번지는 현상입니다. 기술적 혁신은 유용해서 퍼지지만 유용성이 없는 신종 사기나 거짓된 교리도, 효과 없는 다이어트법도 그냥 번집니다. '밈'은 이렇듯 무차별적으로 최선을 다해서 퍼져나갑니다.

부모의 얼굴 생김새, 몸의 형태부터 유전적으로 대물림되는 것에서 시작해서 음식 먹는 습성, 말투, 생각, 가치관까지 환경적 생활 태도에서 오는 것들도 유전됩니다. 심지어 문제를 해결하는 과정, 갈등을 풀어가는 방식, 욕구와 욕구를 해결하는 방식, 주말이나 휴가를 즐기는 문화, 정치에 대한 생각, 심지어 부모가 부모님을 대하는 태도까지 보고 배웁니다. 이루 말할 수 없는 영역까지 우리도 모르게 온 삶의 테두리와 내용을 부지불식간에 전달하고 있습니다. '밈' 현상은 부모와 자식 간에도 모두 일어나고 있는 것입니다.

'밈' 현상에서 보듯이 모두 삶의 테두리에 있는 것들이 전달되기 때문에 부모님이 외적인 요소 하나를 'in put' 한다고 해서 자녀에게서 'out put'의 결과는 같을 수 없습니다. 그러나 역으로 생각해보면 부모님의 사이즈가 넓고 깊으면 자녀의 사이즈도 따라서 넓고 깊어질 가능성이 높아지는 것입니다.

1. **하루의 감사한 일** 릴레이 대화

   잠자리에 들기 전, 부모님이 하루 동안 감사한 일을 먼저 하나 이야기하고 그 다음은 자녀가 이야기하도록 합니다.

2. **주제별 감사함** 경제적 풍요로움에 감사하기
   - 의식주를 해결할 수 있는 물질적 풍요에 감사합시다.
   - 옷, 가방, 신발 등을 살 수 있는 자신의 경제력에 감사합시다.
   - 편안히 잠잘 곳이 있다면 그 공간을 마련하기 위해 노력한 자신에게 감사합시다.
   - 직장에서 열심히 일하고 받은 대가로 맛있는 음식을 먹을 수 있음에 감사합시다.
   - 나에게 생기는 수입의 근원에 대해 감사합시다.
   - 월급에 감사합시다.
   - 이자 소득 등 기타 소득에 대해 감사합시다.
   - 내가 누리는 모든 물질적 풍요는 결국 나의 경제 생활과 연관되어 있음을 알고 많든 적든 돈이 있음에 감사합시다.
   - 큰돈이 생겼다면, 그것의 원천이 다른 사람이라는 것을 알고, 나누고 베풀며 기부할 수 있음에 감사합시다.

3. **감사일기** 월급날입니다. 지난 달보다 카드 청구 요금이 적게 나왔습니다. 적금을 넣을 수 있어 감사합니다. 올해 목표한 금액보다 더 많이 저축하게 되어 감사합니다. 고맙습니다. 감사합니다.

부모의 size up을 위해
필요한 것

부모의 size up, 사소한 것부터 시작하세요.
감사함이 가랑비에 옷 젖듯 해야 합니다.

책과 감사일기로 size up

"사랑하면 알게 되고 알면 보이나니 그때 보이는 것은 전과
같지 않으리라."

조선시대 한 선비의 말처럼, 내 아이를 사랑하고 감사하게
되니 자세히 보게 됩니다. 그러나 보고 알아차리고 인정하기까
지는 되는데 그것을 어떻게 교정하고 수정해야 할지, 무엇을
해줘야 할지는 알 수가 없었습니다. 보인다고 모든 것이 해결
될 수는 없었습니다.

아이를 교정해야 했을까요? 무지한 엄마인 나 자신을 교정해

야 했을까요? 네, 저부터 공부가 필요했습니다.

앞서 인교감 기법에서 교정이 어려웠던 것처럼 스스로의 교정에도 물음표가 붙었습니다. 엄마인 존재로 성장이 필요했기에 책을 손에 들기 시작했습니다. 당시로서 책읽기는 내가 엄마라는 존재가 되기 위한 최대의 노력이었습니다. 그리고 '감사', 나 스스로에게 감사하기, 딸아이에게 감사하기를 매일 지속적으로 실천하기 위해서는 '감사일기'라는 쓰기의 방식을 선택할 수밖에 없었습니다.

'감사'라는 것이 가식적으로 느껴졌던 나에게는 '감사일기'를 쓰는 것이 처음에 참 힘들었습니다. 그래서 쓰다 말았다를 반복하게 되었습니다. 하지만 이 감사함이 주는 힘들은 나를 조금씩 가랑비에 옷 젖듯이 변화시켰고, 10년 넘게 매일 감사일기를 쓰며 함께 성장하고 있습니다. 긍정적 정서, 회복탄력성을 나에게 가져다준 것이 바로 '책'과 '감사일기'였습니다.

먼저 실천하기

'밈' 현상에서 보듯이 부모가 전달하는 것은 무차별적입니다. 모방에서 새로운 형태로 또 변화하기도 하고, 내가 원한다고 해서 원하는 대로만 전달되지 않습니다. 내 감정을 표출하는 방식도 전달됩니다. 외적인 요소 또한 중요하고, 내적인 요소도 꼭 필요합니다.

아이는 부모의 뒷모습을 보고 성장한다고 합니다. 우리가 자녀에게 주고자 하는 것이 성공적이고 행복한 삶이라면 부모가 먼저 이루어야 합니다. 그러면 대부분의 부모님들은 외적·물질적 성공을 이루지 못했다고 생각해 불가능하다고 간주합니다. 앞에서 말씀 드려왔던 언어의 힘, 얼굴 표정, 기억자아, 이러한 것들은 물질적인 것이 아니라 내적인 힘, 이른바 내공에서 나오는 것입니다. 이 내공이 실제는 외부까지 모든 것을 만들고 있습니다. 자녀에게 보여줄 내공이야말로 진정한 부모의 힘입니다.

〈퀴즈 대한민국〉이라는 TV 프로그램에 출연해 퀴즈왕이 된 임성모 님을 소개해볼까 합니다. 그는 2003년 자신과 같은 중졸의 열쇠 수리공이 퀴즈왕이 되는 것을 보고 도전을 결심합니다. 트럭 운전사인 그는 공부할 시간이 부족해서 차 유리창에 빼곡하게 포스트잇을 붙여서 다녔다고 합니다. 신호등에 차가 정지하면 그의 눈은 포스트잇으로 향했고, 그렇게 열심히 외웠다고 하니 그 노력이 참으로 대단하게 여겨집니다. 동료들이 지어준 별명이 '굴백사'로, '굴러다니는 백과사전'이라고 불렸다 합니다.

무려 7년 간의 공부 끝에 2010년 그는 결국 대한민국을 흔드는 퀴즈왕으로 등극했습니다. 비록 트럭 운전사로 힘들게 살고 있지만 자식에게 부끄럽지 않은 아빠, 공부하는 부모의 모습을 보여주고 싶었다는 그는 일을 마치고 집에 오면 늘 책을 펼쳤다고 합니다.

대학 졸업장보다 더 멋진 모습을 보여준 임성모 님이 진정한 부모가 아닐런지요. 스스로 목표를 정하고 메모하고 외우고 몰입해 공부하고 있는 부모의 뒷모습을 보고 자란 자녀는 분명히 스스로 삶을 더 멋지게 살아가기 위해서 노력하고 있을 것이라는 생각이 듭니다.

사소한 것에서부터 시작하기

우리 모두가 '굴백사'님처럼 퀴즈왕이 될 수는 없습니다. 그러나 부모님의 뒷모습은 분명히 아이들의 삶에 영향을 미치게 됩니다. 부모님의 사소한 행동 하나하나에서 자녀들의 의식 수준이 만들어져갑니다.

"친구가 나를 조금이라도 얕본다고 생각되면 무조건 때려야 해요."

수업시간에 짝토론을 하면서 나온 한 아이의 말입니다. 이 학생은 4학년이지만 덩치도 크고 주먹도 세서 잦은 싸움이 일어나는 학생이었습니다.

　"얕본다고 무조건 때려야 할까? 왜 그렇게 생각해?"

　"선생님, 우리 아빠가 그러는데요, 사람들이 무시하는 건 힘이 없어서래요. 그래서 힘을 보여줘야 한다고 했어요."

　"아빠께서 말씀하신 힘은 주먹의 힘이 아닌 것 같은데?"

　"아니에요. 아빠가 맞지 말고 무조건 때려야 한다고 했어요. 제가 친구들을 때리는 것은 그 친구들이 저를 무시해서 그래요."

　아, 어디서부터 문제일까요? 부모의 말은 그대로 자녀 삶의 태도로 전환됩니다. 사소한 말 한마디, 작은 행동 하나까지도 그대로 무차별적으로 모방이 이루어집니다.

　"엄마, 여기는 횡단보도가 아니잖아요?"

　"괜찮아, 지금 차 안 오잖아. 엄마 손 잡고 건너면 돼."

　"아빠, 여기는 불법주차 지역인데요."

　"괜찮아. 금방 올 거야. 다른 사람들도 다 그렇게 해."

　이 아이는 어떤 아이로 자라게 될까요? 부모님의 생활 태도, 생활 방식 등이 결국 그 아이의 생각과 가치관을 만들어갑니다. 즉각적으로 타인을 침해하지는 않지만 결국은 타인을 침해하는 일이 될 수 있습니다. 응급상황이 생겼는데 불법주차한

차 때문에 응급차나 소방차가 지나갈 수 없었다면 누군가의 생명을 빼앗았을지도 모를 일입니다.

사회에 대한 비난과 불만들을 품기만 하고, 정작 본인들은 작은 사소한 것들을 지키지 않는다면, 자녀들은 무엇을 배우게 될까요? 소방차나 응급차가 달려올 때 길을 비켜주는 일도 아이들은 보고 배웁니다.

작은 실천 하나, 사소한 행동 하나를 바르게 하는 것 또한 부모님의 의식 수준을 높이고 size up 하는 데 중요한 요소가 됩니다. 아래의 예시처럼 본인이 매일 실천할 수 있는 것 하나를 찾아보고 실천해보기 바랍니다.

- 자신의 얼굴 표정에 미소 만들기
- 사람들의 얼굴을 보고 인사 나누기
- 사람을 대하는 자신의 태도를 살펴보고 긍정으로 바꾸기
- 하루에 입 밖으로 "고맙습니다"라는 말을 10번 이상하기
- 베풀기
- 감탄하는 말(이야, 와우, 대박, 짱 등)로 이야기하기
- 다른 이의 손 잡아주기
- 좋은 책 읽기
- 힘이 나는 말하기(나 자신에게도, 타인에게도)

1. **하루의 감사한 일** 릴레이 대화

   잠자리에 들기 전, 부모님이 하루 동안 감사한 일을 먼저 하나 이야기하고 그 다음은 자녀가 이야기하도록 합니다.

2. **주제별 감사함** 여러 직업 종사자에게 감사하기

   - 나에게 편리함을 주는 직업인들에게 감사합시다.
     - 아파트 용역 직원님, 대중교통 운전자님, 식당과 카페 등에서 일하는 각종 서비스 종사자님, 헤어숍 직원님, 택배 기사님, 의사님, 간호사님, 원무과 직원님 등 병원 관계자 분들, 주차 관리원님, 대형마트 직원님, 새벽마다 쓰레기를 수거해주시는 청소원님, 목욕탕 서비스 직원님, 급식소의 조리사님, 은행 직원님, 주유소 직원님 및 차량 정비소 직원님 등
   - 서비스를 받을 때마다 곧바로 감사함을 표현합시다.

3. **감사일기** 아파트의 엘리베이터와 계단을 깨끗이 청소해주시는 아주머님 진심으로 감사합니다. 덕분에 우리 아파트가 항상 청결하게 유지되어 기분 좋게 생활합니다. 고맙습니다. 감사합니다. 감사합니다.

자녀를 위한
학습정서 size up

말 한마디가 자녀인생에 걸림돌이 되기도 하고 디딤돌이 되기도 합니다.
디딤돌이 되기 위한 말 한마디는 "고마워"입니다.

엄마표 학습, 긍정적 정서

"목소리가 왜 그렇게 떨리니? 떨지 않고 말할 수 없니?"

딸아이는 나에게 말을 할 때마다, 누군가에게 자신의 의견을 말하려고 할 때마다 목소리가 떨렸습니다. 자신감 없는 목소리, 떨림이 있는 목소리는 부모인 나로서는 듣기 싫었습니다.

제가 딸아이에게 초기에 보여준 행동은 불안, 불평, 두려움, 분노라는 낮은 의식 수준의 값들이었습니다. 저 자신은 부모로서 딸아이에게 생리적 욕구, 안전의 욕구, 애정과 소속의 욕구들을 충족시키고 있다고 생각했습니다.

244

그러나 정말 그 욕구들을 충족시켜주고 있었을까요? 딸아이의 입장에서 보면 충족된 것이 아니라 결핍된 요소들이었을 겁니다.

딸아이의 부족한 부분을 윽박지르기도 하고, 타이르기도 하고 한 발짝 물러서서 지지하기도 하면서 내가 잘하는 방식으로 부모 노릇을 행했던 것이지요. 아이는 엄마인 나라는 존재가 부담스럽게 다가온 듯했습니다.

저는 새로운 엄마로 거듭나야 했습니다. 제가 딸아이를 싫어하지 않는다는 것, 귀중한 존재로 여기고 있다는 것, 사랑한다는 것을 아이가 느낄 수 있도록 해줘야 했습니다. 세상 밖으로 가라앉고 있는 딸아이를 세상과 연결하고 전달하면서 자신의 세계를 잘 만들어갈 수 있도록 도와줘야만 했습니다.

그러기 위해서는 배워야 했습니다. 부모 노릇 하는 법을 배워야 했습니다. 학년이 올라가니 아이의 학습능력이 낮은데 부모가 그냥 내버려둔다고 다들 한마디씩 조언을 하기 시작했습니다. "이 학원이 좋다" "저 학원이 좋다" 했습니다. 그러나 그것으로 딸아이의 사이즈를 키울 수 없다는 것을 알았습니다.

'행복한 가정은 다 비슷하지만, 불행한 가정은 저마다 이유가 다 다르다.'

톨스토이의 소설『안나 카레니나』의 첫 문장입니다. '안나 카레니나의 법칙'이라는 말이 될 정도 유명한 명문장이지요. 저와 딸아이에게도 적용되는 말이었습니다. 제가 딸아이에게 해주지 못한 것은 학원이 아닙니다. 가정마다 이유가 다 다를 수밖에 없다는 것을 인지해야 했습니다.

'행복한 가정은 다 비슷하다.' 뭐가 비슷할까요? 정서적 안정, 행복감, 욕구 충족 등을 통한 따스한 공기가 달랐던 것입니다. 앞서 말씀드린 것처럼 학습능력은 학습정서와 관련이 있습니다. 긍정적 정서를 우리 딸아이에게 돌려주는 것이 바로 아이를 size up 할 수 있게 하는 일이었습니다.

학습목표와 평가목표

"30점이니까 다음은 50점에 도전해보자."

딸아이에게 해주던 말입니다. 자존감이 바닥인 아이에게 해줄 수 있는 말이 고작 이것뿐이었습니다. 그런데 신기한 사실은 이 말을 하고 있는 나 자신에게도 희망이 되었고, 딸아이에게도 희망이 되었다는 것입니다.

그러다 어느 날 60점을 넘어서게 된 날은 정말 기쁘기도 했습니다. 예전의 저의 모습이라면 상상도 못할 일이었습니다. 60점이 기쁘다니요.

하나하나 차근차근 단계별로 공부하며 책읽기를 병행했던 딸아이는 5학년이 지나고 6학년이 되니 서서히 공부에 두각을 나타내기 시작했습니다. 4~5년 동안 딸아이는 많이 성장해 있었습니다. 딸아이는 어려운 문제가 나와도, 실패해도, 어려운 것에 다시 도전해서 한 발씩 나아가는 아이로 성장하고 있었습니다. 학습목표를 가진 아이로 성장한 것이지요.

"100점이네." "잘했구나." "똑똑하다."

이 말은 누나와는 반대로 동생이 자주 듣는 말이었습니다. 학습력이 빨랐던 아들은 받아쓰기 100점은 기본이고, 덧셈과 뺄셈 등 기초적인 연산문제들을 금방 이해하고 해결하다보니 주변인들로부터 "또 100점이네" "똑똑하다"라는 말을 듣게 되었습니다.

사실 저는 누나를 성장시키는 데 신경을 쓰고 있어서 아들이 저절로 잘하는 게 그저 기특해서 그냥 내버려두고 있었습니다. 아들은 "똑똑하다" "잘한다" "100점이네"라는 말에 강화되어 결과가 잘 나올 수 있는 쉬운 것에만 도전하려는 경향을 보이게 되었습니다. 자신의 수준보다 높은 것에 도전해 실패하는 것을 두려워합니다. 결과에 치중하는 평가목표를 가진 아이로 변해 있었습니다.

성취와 관련된 것에서 나타나는 2가지 다른 형태의 목표는 학습목표와 평가목표로 살펴볼 수 있습니다. 이 2가지의 출발점은 목표설정이 다릅니다. 학습평가는 배움과 학습에, 평가목표는 평가, 즉 점수를 목표로 삼습니다.

"와우 95점이네, 1개 틀렸네, 1개만 더 맞았으면 100점인데 아깝다."

사실 1개 틀리면 아깝기는 합니다. 100점이라는 만점에 근접해 있다보니 순간 이런 말들이 나오게 됩니다. 100점이라는 점수, 평가목표에 가까운 말을 하게 된 것이지요.

아깝기는 부모님보다 자녀가 더할 겁니다. 그런데 이런 말을 계속 듣게 된다면 사실 틀린 것에만 집중하고 있는 셈입니다. 1개 빼고 19개를 다 풀어낸 것은 보이지 않게 됩니다.

"난 1개 틀렸어, 1개는 어려운 문제였기 때문이야"라고 아이는 핑계를 댈지도 모릅니다. 같은 말이지만 관점을 달리해보겠습니다.

"와우, 95점 대단하네, 19개를 다 맞혔구나."

같은 95점을 받아왔는데 한 쪽은 맞은 19개에 집중하게 됩니다. 그런데 여기에서 그치게 되면 "19개나 맞았는데 뭐. 잘했지" 하고, 다음에 만약 15개를 맞아와도 "뭐, 틀린 5개보다 맞은

15개가 낫지"하면서 주저앉을 수도 있습니다. 이것 역시 결과만을 가지고 이야기하고 있는 셈이 됩니다.

"와우! 95점 받았네. 이번에 열심히 공부하더니 노력한 보람이 있네. 다음번에도 또 도전해보자."

그동안의 과정, 노력, 도전에 대한 인정이 필요합니다. 그리고 격려해야 합니다. 부모의 "틀렸다" "못했다"라는 말이 아니라 "실패하면서 배우면 된다" "한 단계씩 나아가면 된다"라는 말을 해줄 때 학습목표를 가진 아이로 성장시킬 수 있습니다.

처음부터 잘하지 않는 아이라도 학습목표가 설정되면 실패는 자연스럽게 배우는 과정으로 인식하고 노력하려고 합니다. 자신은 배우는 과정이기 때문에 '틀려도 괜찮아. 또 도전하고 좀더 노력하면 되지'라는 의식을 가지게 됩니다.

반면에 평가목표가 만들어진 아이들은 자신의 능력을 보여주고, 자신이 얼마나 똑똑한지 나타내고 싶어 합니다. 그래서 어려운 것에 도전하기보다 쉬운 것에 도전해 100점을 받는 것에 집중하려는 경향성을 보입니다.

학습목표에 집중하는 아이들은 자신의 결과가 기대에 못 미칠 때는 노력 부족의 이유를 들고, 더 열심히 하려고 합니다. 평가목표에 치중하는 경우에는 능력 부족으로 보고 어차피 안 되니까 포기하는 현상을 보이게 됩니다.

부모가 생각하고 말하는 것이 아이를 어떻게 성장하게 할 것 인가의 결과가 됩니다. 부모가 자녀에게 던지는 말 한마디가 자녀 인생에 걸림돌이 되기도 하고, 디딤돌이 되기도 합니다.

자녀에게 학습목표를 가질 수 있게 하는 말에도 인교감 기법을 활용하면 도움이 됩니다. 감사함으로 바라보게 되면 그 모든 것을 잡을 수 있습니다.

사교육과 자기주도학습

"영어학원은 몇 학년부터 시작하는 것이 좋을까요?"

"지금 수학 학습지를 하고 있는데 4학년이 되었으니 수학을 좀더 체계적으로 가르쳐주는 곳으로 가야겠지요?"

"중학생이 되면 국어를 어려워한다는데 한자를 어느 정도 배워야 할까요?"

"3학년인데 벌써 5학년 수학을 하고 있는데 괜찮겠지요?"

"초등학교 때는 예체능을 미리 배워두어야 하겠지요?"

"요즘은 코딩 프로그램이 중요하다고 하는데 학원은 어디로 보낼까요?"

"초등학교 때까지는 공부를 잘하는 학생이라는 소리를 들었는데 중학생이 되고부터는 왜 이렇게 성적이 많이 떨어질까요?"

어머님들의 질문들을 여기에 다 쓰려면 그냥 책 한 권을 질문으로만 도배해야 할지도 모릅니다. 그만큼 자녀 학업성적에 관한 학부모님들의 관심과 고민이 큽니다. 간혹 학부모님과 상담하다보면 이런 말씀들을 하기도 합니다.

"저희 아이는 학원을 하나도 다니지 않아요, 자기주도학습을 하고 있어요."

아마도 학부모님께서는 사교육을 통해 누군가의 도움을 받지 않고 혼자서 공부한다는 의미로 말했을 겁니다. 그러나 학원을 다니지 않는다고 해서 자기주도학습을 하고 있다고 할 수는 없습니다.

'자기주도학습'이란 학습자 스스로 자발적으로 학습 계획과 목표를 세워서 학습을 실시하고 평가까지 하는 학습의 형태를 말합니다. 자기 스스로 계획을 세우고 목표를 세운다고 해서 교사나 학부모의 도움을 하나도 받지 않는다는 뜻이 아닙니다.

학생들이 계획을 세우고 목표를 설정하고 서술하는 방법들을 배울 수 있도록 도움을 줘야 합니다. 실제 누군가에 의해서 계획이 설정되고 수동적으로 따라가기만 하는 학생들과는 확연하게 차이가 납니다. 자기 스스로 무엇을 해야 하는지 알기 때문입니다.

사교육은 초등학생일 때 효과가 가장 큽니다. 학년이 올라갈수록 효과가 줄어들다가 중등 3학년 시기가 되면 효과는 사라지기 시작합니다. 학습은 '학學'과 '습習', 두 글자가 합쳐져서 만들어졌습니다. '배울 학'과 '익힐 습', 배우고 익히는 것이 중요합니다. 그런데 학교나 학원에서는 배우는 시간은 길고 익힐 시간이 너무 부족합니다. 하나를 알려주면 그것을 익혀서 열을 깨칠 수 있도록 해야 합니다. 그런데 열을 가르쳐주고 하나를 익히라는 꼴입니다.

'자기주도학습'은 학과 습의 균형을 잘 맞추고, 배운 것을 익히는 데 있어서 스스로 생각할 수 있는 시간이 많이 주어질 때 효과가 나타납니다. 그런데 '학'의 시간이 너무 많으면 아무리 학습계획을 세운다고 하더라도 '습'의 물리적 시간이 부족해지기 마련입니다.

'자기주도학습'은 스스로 학습의 시간도 계획하고, 실천하고, 스스로 평가까지 함께 이루어질 때 효과가 드러납니다. 그러나 대부분 시간 개념이 부족해 계획 자체를 잘 세우지 못하기도 하고, 무엇을 해야 할지 몰라서 계획을 세우지 못하는 경우가 많습니다. 또는 계획을 잘 세우고 나서 실천이 안 되는 아이도 있고, 실천까지는 되는데 자신이 계획하고 실천한 것을 피드백하지 못하는 아이도 있습니다.

이때 감사요청일기를 쓰면 스스로의 학습에 대한 계획, 미래에 대한 꿈, 목표들을 만들어가는 데 도움이 됩니다.

감사함의 작성은 학습에 대한 긍정성을 불러일으키고 목표에 대한 지속적인 인지 작용이 일어납니다. 미리 감사함을 요청하다보니 자연스럽게 실천력이 강화됩니다.

How to size up 20

1. **하루의 감사한 일** 릴레이 대화
   잠자리에 들기 전, 부모님이 하루 동안 감사한 일을 먼저 하나 이야기하고 그 다음은 자녀가 이야기하도록 합니다.

2. **주제별 감사함** 교육에 감사하기
   - 현재의 나는 과거의 교육에 의해 만들어졌음을 이해하고 감사합시다.
   - 현재의 교육으로 내가 변하게 될 미래에 대해 감사합시다.
   - 내가 교육받은 기관, 사람, 책 등 현재의 날 만들어준 모든 것에 감사합시다.
     - 어린 시절 할머니, 할아버지의 교육, 부모님의 교육, 유치원, 초 · 중 · 고등학교, 대학교 등 학교 교육
     - 학원, 책, 방송, 영화 등 정규 교육과정 이외의 교육, 사회 교육 등

3. **감사일기** 알아야 보인다고 하더니, 부모연수를 받고 보니 내 아이의 행동이 보입니다. 주눅 든 아이에게 늘 다그치기만 했으니, 부끄러워집니다. 또 하나의 배움, 고맙습니다. 감사합니다. 고맙습니다.

함께함으로
size up

가족 감사 밴드 만들기

가족이 모두 함께 감사일기를 쓴다면? 그것을 공유한다면 어떤 현상이 나타날까요?

서로가 서로를 이해하는 폭이 넓어질 수밖에 없습니다. 부모가 보지 못한 시간에 자녀에게 일어난 일을 굳이 말로 하지 않아도 알 수 있게 됩니다. 자녀가 알지 못한 시간에 부모님께 일어난 일을 글로 읽을 수 있게 됩니다. 좋은 일, 기분 나쁜 일 모두 공유된다면 더없이 좋을 겁니다.

- 각자 자신의 개인 감사일기장 밴드 만들기
- 가족 모두가 공유하는 감사일기장 만들기
- 가족감사일기방에 업로드할 때 가족이지만 공유하고 싶지 않은 부분은 삭제해서 올리기

가족이라고 해서 꼭 모든 것을 공유해야 할 이유는 없습니다. 가족도 어쩌면 타인입니다. 알리고 싶지 않은 속마음들이 있습니다. 모든 것을 공유하다보면 가짜 감정을 만들게 되고, 감사하지 않게 생각한 것도 타인에게 보여주기 위해서 억지로 감사한 척하게 됩니다.

자녀들의 정서를 안정시키고 스스로 회복력을 가지게 하기 위한 감사일기장이 공유라는 이름으로 거짓을 만들 수 있기 때문에 주의해야 합니다. 그리고 또 가족밴드에는 꼭 주의해야 할 사항이 있습니다.

자녀에게 강요하지 않기

감사일기의 효과를 옆에서 지켜보는 분들은 자녀에게 너무도 해주고 싶어 합니다. 정작 본인은 하지 않으면서 말입니다.

앞서 말한 것처럼 자녀는 부모의 뒷모습을 보고 배웁니다. 부모님이 먼저 작성해야 합니다.

부모님의 변화를 본 자녀들은 서서히 시작하게 됩니다. 부모님 본인이 먼저 감사일기를 쓰고 나서 그 효과를 알게 되면 자연스럽게 밖으로 비춰 나옵니다. 밝음을 숨겨도 어둠 속에서는 바로 드러나게 되어 있는 것과 같습니다.

자녀에게 감사함을 가르치기 이전에 부모님이 먼저 감사함과 감사일기의 힘을 느낄 수 있도록 지속적인 노력을 하는 것이 중요합니다. 자신이 못하는 것을 자녀에게 강요해서는 안 됩니다.

자녀들이 매일 쓰지 않고 띄엄띄엄 쓰기만 해도 감사해야 합니다. 아이들도 연습을 통해서 만들어져갑니다. 자녀들과는 감사대화만 해도 충분합니다.

자녀들과 감사대화 나누기

"오늘은 어떤 감사함을 만났니?"

부모와 자녀가 매일 밤 대화를 위한 시작 질문입니다. 부모님께서 감사일기를 작성했다면 그것을 먼저 읽어줘도 좋습니다. 좋았던 일도 있지만, 기분 좋지 않았던 일에서도 감사함을 찾을 수 있는 힘, 다양한 관점을 배울 수 있도록 해주는 것이 좋습니다.

자녀가 하루 중에 일어난 감사함을 찾아내면 그것으로 자연스러운 대화가 시작됩니다. 또한 아래에서 제시해둔 주제를 참고해 하루에 한 가지씩 찾아가면서 대화하는 것도 좋습니다. 자녀의 다양한 관점을 찾아줄 수 있는 좋은 대화가 됩니다.

자연	대자연, 식물, 동물, 무생물 (구르는 돌, 흙), 우주의 법칙, 계절의 변화 등
나	나의 몸, 마음, 노력하는 모습, 사랑 등
사람	가족, 친구, 이웃, 직장동료, 인간관계, 직업종사자 등
사회	대한민국, 학교, 교실, 교육, 직장, 이웃, 사회단체 등
사물	생활도구, 책, 사회제반시설, 의식주, 교통수단 등
꿈 소망	창조된 시간, 예술, 깨달음, 소망, 꿈, 경제적 풍요 등

어떤 현상에 대한 감사함을 찾는 것도 좋지만 사물의 입장에서 나를, 공간의 입장에서 감사함을 역으로 찾아내는 것은 자녀의 관점을 다양하게 만들어주는 데 도움이 됩니다.

'어찌 오셨는가?'

'방금들 많이 다녀가셨지….'

'흔하게 많이 오는 그 사람이신가?'

이철수 님의 판화엽서 『감은사지에서 듣는다』에 있는 글귀입니다. 감은사지 입장에서 나를 바라보는 시선입니다.

이처럼 감사함을 찾을 때 타인의 시선으로, 사물의 시선으로 나를 바라본다면 어떠한 감사함을 찾을 수 있을지 이야기해보는 것이 좋습니다. 그랬을 때 자기 중심의 시선에서 조금씩 좀 더 넓은 시야로 세상을 볼 수 있게 도와줄 것입니다.

우울감에 시달리던 분께서 자녀와 잠자기 전에 감사함 찾기 대화를 했다고 합니다. 2년 정도 자녀와 자기 전에 감사함 찾기만 했는데도 우울감이 사라지고 생활의 활기를 찾았으며, 자녀와의 관계가 좋아졌다고 하니 감사대화 나누기는 우리의 건강까지 챙겨주는 좋은 에너지입니다.

시기와 질투를 감사의 마음으로 밀어내기

'사촌이 땅을 사면 배가 아프다.' 우리 속담에 이처럼 시기 질투를 명확하게 보여주는 속담이 있을까요? 어쩌면 이것은 요즘 아이들 말로 열등감 폭발, '열폭'일지도 모릅니다.

사람은 두려움, 불안, 분노, 우울 등 이러한 감정은 쉽게 인정하는 반면에 누군가를 시기하고 질투하는 감정은 잘 인정하려고 하지 않습니다. 누군가가 잘되면, 자신도 모르게 상대를 깎아내리려는 말들을 무심결에 하게 됩니다.

그러한 감정이 자신이 부족하다는 것을 시인하게 되기도 하고, 사람이 너무 찌질해 보이기 때문에 마음속 깊은 곳에서 올라와도 그것을 드러내려고 하지는 않습니다. 그래서 "부러우면 지는 거다"라는 말로 부러움을 감추려 합니다. 이미 이 말에서 부러움이 되어버렸지만 말입니다.

감사일기를 쓰는 분들도 감사한 것은 잘 찾지만 누군가의 성공, 잘나가는 모습, 잘되고 있는 것을 보면 마음 깊은 곳에서 부러우면서 시기 질투의 마음이 일렁입니다. '저 사람이 나보다 못한데 왜 잘나가지?' '저 사람이 잘나가긴 해도 성질은 더러워' 등 시기와 질투의 마음이 있습니다.

그러나 이제 이러한 마음을 감사의 마음으로 밀어내어야 합니다. 이렇게 생각을 바꿔보면 좋겠습니다.

'다른 이의 물질적 풍요로움은, 다른 이의 넘치는 행운은, 다른 이의 성공은, 다른 이에게 일어난 모든 좋은 일은 앞으로 나에게 일어날 감사한 일을 미리 보여주는 것이다.'

이런 생각을 가지고 생활하면 "사촌이 땅을 사면 어깨춤을 추게 될 거야"라고 말하게 될 겁니다. 사촌이 땅을 사면 너무 좋지요. 그에게 일어난 좋은 일은 나에게도 똑같이 일어날 감사한 일이니까요. 그것을 미리 보여주는 것입니다.

주변에 좋은 일이 있는 분들이 있다면 멈칫거리지 말고, 정말 기쁘게 좋아하며 많이 축하해주세요. 그 감정을 그대로 나중에 본인이 돌려받게 될 겁니다. 주변의 자녀들이 잘된 분들이 있다면 무조건 함께 기뻐해주세요. 그것이 바로 나의 자녀에게 더 좋은 행운을 가져다주기 위한 징조이니 감사해야 합니다.

감사함은 세상을 행복하게 살기 위해서 노력하는 행위입니다. 그 감사함을 시기와 질투로 놓칠 수는 없습니다. 시기하고 질투하는 마음이 사라질 때, 타인의 노력과 성공을 적극적으로 기뻐할 때, 자신의 일처럼 나누고 감사할 때, 행운의 여신이 바로 옆에 오게 될 겁니다.

만약 그때 '감사함'을
만나지 못했더라면?

'지금 알게 된 것을 예전에도 알았더라면 더 잘 키우지 않았을까?'

감사함과 자녀교육에 관한 출간 의뢰를 받은 덕분에 이제는 21세, 23세가 된 저의 두 아이의 지난 20년의 시간을 거꾸로 돌려볼 수 있었습니다. 그런데 과연 옛날로 돌아간다면 정말 잘할 수 있을까요?

엄마로 열심히 살아온 시간을 후회하지 않지만 아쉬움이 많이 남기는 합니다. 제가 후회하지 않는 이유는 단 하나 '감사함'을 만났기 때문입니다. 그래도 아쉬움이라면 아이들이 아주 어린 시절에 감사함을 만나지 못한 것이 아쉬울 따름입니다.

아이들의 어린 시절, 그 시절에는 나도 내 감정의 수렁에 빠져 있을 때라 까칠하고 감정의 기복이 심한 엄마였습니다. 그러나 감사함을 만난 이후 조금씩 성장해가면서 아이들도 점차 자리를 잡아갔기에 나름 스스로 칭찬하고 대견해하고 있습니다.

만약 그때 '감사함'을 만나지 못했더라면 어쩔 뻔했을까요? 아마 아직도 감정의 수렁 속에서 헤매고 있을 겁니다.

부모가 된다는 것은 쉽지 않은 일입니다. 부모는 그냥 턱, 되는 일이 아니었습니다. 나 자신의 과거와 현재를 교묘히 섞어 미래를 만들기 때문입니다. 부모라는 존재는 나의 과거와 현재 그리고 미래 속에 내 자녀도 함께하기 때문이지요. 결국 자녀를 키운다는 것은 나를 먼저 채우는 일이 급선무라는 것을 '감사일기'와 함께한 10년의 세월 속에서 느끼고 있습니다.

꾸준함, 지속성이 있다면 어떤 방식으로든 인생에 배움을 가지고 올 수 있습니다. 그 배움의 깨달음을 그 순간만 지니고 있다면 의미가 없습니다. 깨달았으면 무조건 실천하고 꾸준하게 익혀야 합니다. 자신의 몸속으로 익혀야 부모로서 보여줄 수 있게 됩니다. 익힘의 시간이 꼭 필요합니다.

부모라는 존재로 살아가는 게 어렵기만 한 것은 아닙니다. 자녀와 함께하기에 참으로 행복한 순간을 선물로 받습니다. '감사함', 그 작은 실천 하나가 크나큰 기적으로 다가올 겁니다. 감사함을 익히는 시간, 그 시간을 통해 기쁨과 행복이 찾아오기를 희망하며 글을 마치겠습니다.

고맙습니다. 감사합니다. 사랑합니다.

■ 독자 여러분의 소중한 원고를 기다립니다

메이트북스는 독자 여러분의 소중한 원고를 기다리고 있습니다. 집필을 끝냈거나 집필중인 원고가 있으신 분은 khg0109@hanmail.net으로 원고의 간단한 기획의도와 개요, 연락처 등과 함께 보내주시면 최대한 빨리 검토한 후에 연락드리겠습니다. 머뭇거리지 마시고 언제라도 메이트북스의 문을 두드리시면 반갑게 맞이하겠습니다.

■ 메이트북스 SNS는 보물창고입니다

메이트북스 홈페이지 www.matebooks.co.kr

책에 대한 칼럼 및 신간정보, 베스트셀러 및 스테디셀러 정보뿐만 아니라 저자의 인터뷰 및 책 소개 동영상을 보실 수 있습니다.

메이트북스 유튜브 bit.ly/2qXrcUb

활발하게 업로드되는 저자의 인터뷰, 책 소개 동영상을 통해 책에서는 접할 수 없었던 입체적인 정보들을 경험하실 수 있습니다.

메이트북스 블로그 blog.naver.com/1n1media

1분 전문가 칼럼, 화제의 책, 화제의 동영상 등 독자 여러분을 위해 다양한 콘텐츠를 매일 올리고 있습니다.

메이트북스 네이버 포스트 post.naver.com/1n1media

도서 내용을 재구성해 만든 블로그형, 카드뉴스형 포스트를 통해 유익하고 통찰력 있는 정보들을 경험하실 수 있습니다.

STEP 1. 네이버 검색창 옆의 카메라 모양 아이콘을 누르세요. STEP 2. 스마트렌즈를 통해 각 QR코드를 스캔하시면 됩니다. STEP 3. 팝업창을 누르시면 메이트북스의 SNS가 나옵니다.